인생의 절반쯤 왔을 때 읽어야 할

채근담

인생의
절반쯤 왔을때
읽어야 할

담박함의 참맛을 알 때면
채근담이 들린다

채근담

홍자성 지음 | 박훈 옮김

탐나는책

　물질만능주의 시대를 살고 있는 오늘날의 우리는 수단과 방법을 가리지 않고 재화財貨를 축적하기 위하여 끊임없이 노력을 기울여 왔다. 이 과정에서 우리는 자신도 모르게 육체적, 정신적 피로감에 힘겨워하며 세상을 살아가고, 살아내고 있다.

　우리의 일생을 들여다보면 수면 시간과 일하는 시간, 그리고 여가 시간으로 나눠볼 수 있을 듯하다. 그러나 현대를 살아가는 보통의 사람들이 여유롭고 넉넉한 휴식을 통한 재충전의 시간을 갖기는 분명 녹록지 않은 일이다. 이런 현실 속에 인생을 좀 더 보람 있고 활기차게 바꾸는 것에는 저마다의 방법이 있겠지만 옛 선인들의 간소한 삶 속에서 진정한 인생의 지혜를 토대로 살아온 생활철학을 학습하고 실천하다 보면 지금 우리가 가지고 있는 여러 복잡한 문제나 스트레스는 슬기롭게 극복되고, 인생 자체를 즐기는 시간으로 채우지 않을까 싶다.

　『채근담』은 치열하게 경쟁하는 가운데 메말라버린 우리들의 일상을 위로하고 삶의 여정을 되돌아보는 기회를 준다. 부디 이 책이 행복하고 즐거운 인생을 완성시키는 길잡이가 되기를 희망한다.

　　홍자성은 인간의 무한한 욕망을 채우기 위하여 노력하지 말고, 오직 욕심 없는 소박한 마음으로 세상의 어려움을 이겨내고 다스릴 줄 알아야 행복하고 아름다운 세상을 살아갈 수 있다고 하였다. 그것이 사소하고 간소하지만 진정한 인생을 살아가는 자세라고 말하고 있다. 그 어느 고전보다 편안하고 단순하고 지혜롭게 인생의 참의미를 전하는 『채근담』은 갈수록 복잡하고 힘든 삶을 살아가는 우리들에게 공감을 얻을 수 있는 내용과 자기만의 처세로 이 세상 모든 사람들과 어울려 슬기롭게 살아가는 방법을 제시하였다.

　　동양의 전통적 학문의 무거운 지식의 공유라고 생각하지 말고, 심각하지 않고 가볍게 여행하듯이 책장을 넘기다 보면 어느새 마음속 삶의 지침서가 되어 행복하고 즐거운 인생으로 안내하는 계기가 될 것이라고 확신한다.

옮긴이 박훈

제1장

전집前集

현실에 살면서도 현실에 집착하지 않는 마음가짐과 처세를 담았다.
속세와 더불어 살되 비루함과 천박함에 떨어지지 않게
이끌어주는 경구들이 주를 이룬다.

前集

 차라리 한때의 쓸쓸함을 택하라

棲守道德者는 寂寞一時나 依阿權勢者는 凄凉萬古니라
서 수 도 덕 자   적 막 일 시   의 아 권 세 자   처 량 만 고

達人은 觀物外之物하고 思身後之身하나니
달 인   관 물 외 지 물   사 신 후 지 신

寧受一時之寂寞이언정 毌取萬古之凄凉하라
영 수 일 시 지 적 막   무 취 만 고 지 처 량

도덕을 지키며 사는 사람은 한때 쓸쓸한 생활을 하게 되나, 권세에
아부하며 빌붙어 사는 사람은 영원히 처량하게 된다. 사물의 이치에
통달한 사람은 사물 밖의 진리를 깨닫고, 죽은 후의 명예를 생각한다.
그러므로 한때의 쓸쓸함을 당할지언정, 영원히 처량하게 될 일은 취
하지 말라.

해설

도덕적으로 사는 사람은 일시적으로 외롭고 불우할 수가 있다. 이에 반하여 권세에
의지하고 아첨하면서 살아가는 세속적인 사람은 비록 일시적으로는 영화와 복락을
누릴지 모르나 결국 사필귀정이 되어 처량한 운명에 떨어지는 것이 삶의 이치다.
도덕적, 양심적으로 사는 것은 인간적 자각과 영원을 내다보며 사는 삶이다. 이러한
삶은 순간적인 행복만을 추구하지 않기에 그의 물질적 생활은 궁핍할 수도 있고, 세
상 사람들의 무지와 무자각은 그의 초탈한 인격을 이해하지 못하기 쉽다. 그렇기 때
문에 현실적으로는 매우 불행할 수가 있지만 그의 정신적 인격은 자유로우며, 참다
운 행복을 누릴 수 있는 것이다.

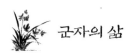 군자의 삶

涉世淺이면 點染亦淺이요 歷事深이면 機械亦深이라
섭 세 천   점 염 역 천   역 사 심   기 계 역 심

故로 君子는 與其練達으로는 不若朴魯하고
고   군 자   여 기 연 달   불 약 박 로

與其曲謹으로는 不若疎狂이니라
여 기 곡 근   불 약 소 광

세파에 부딪힘이 얕으면 그만큼 때묻음도 얕고, 세상사를 겪음이 깊으면 그만큼 남을 속이는 계략도 깊게 마련이다. 그러므로 군자는 세상살이에 능란하기보다는 소박한 편이 바람직하고, 주도면밀하기보다는 소탈하고 꾸밈 없는 편이 낫다.

마음은 드러내고 재주는 숨겨라

君子之心事는 天靑日白하여 不可使人不知요
군자지심사   천청일백   불가사인부지

君子之才華는 玉韞珠藏하여 不可使人易知니라
군자지재화   옥온주장   불가사인이지

군자의 마음은 하늘이 푸르고 태양이 빛나는 것처럼 남들로 하여금
모두 알아보게 해야 하며, 군자의 재능과 슬기로움은 옥구슬과 진주
가 깊숙이 감추어진 것같이 남들이 쉽사리 알지 못하도록 해야 한다.

해설

군자는 언제 어디서나 공명정대하여 조금이라도 남의 오해를 사는 일이 없도록 해야
한다. 그러나 그 재주는 깊숙이 감추어 두고 홀로 안으로만 갈고닦을 따름이지, 남이
알아주기를 바라거나 남에게 자랑하기 위해서 애써 드러내고자 해서는 안 된다.

가까이 하고도 물들지 않는 사람

勢利紛華는 不近者爲潔이나 近之而不染者는 爲尤潔이요
세리분화　　불근자위결　　근지이불염자　　위우결

智械機巧는 不知者爲高니 知之而不用者는 爲尤高니라
지계기교　　부지자위고　　지지이불용자　　위우고

권세와 명예, 부귀영화를 가까이 하지 않는 사람을 청렴결백하다고
하나, 이를 가까이 하면서도 물들지 않은 사람이 더욱 청렴결백한 사
람이요, 책략과 속임수의 교활함을 모르는 사람을 고결하다고 하나,
알고 있으면서도 쓰지 않는 사람은 더욱 고결하다.

귀에 거슬리는 말이 이롭다

耳中에 常聞逆耳之言하고 心中에 常有拂心之事하면
이 중   상 문 역 이 지 언   심 중   상 유 불 심 지 사

纔是進德修行的砥石이니
재 시 진 덕 수 행 적 지 석

若言言悅耳하고 事事快心이면 便把此生하여 埋在鴆毒中矣니라
약 언 언 열 이   사 사 쾌 심   변 파 차 생   매 재 짐 독 중 의

귀에는 언제나 거슬리는 말을 듣고, 마음속에는 언제나 어긋나는 일
이 있으면 이것은 곧 덕성을 기르고 행실을 닦는 숫돌이 되는 것이
다. 만일 들리는 말마다 귀를 기쁘게 하고, 하는 일마다 마음을 흡족
하게 한다면 이는 곧 자신의 삶을 짐새의 독에 파묻는 것이 된다.

해설

『공자가어孔子家語』에 "좋은 약은 입에 쓰지만 병에는 이롭고, 충고의 말은 귀에 거
슬리지만 행실에는 이롭다"는 말이 있다. 귀에 들리는 말마다 엄격한 비판이며, 하는
일이 모두 뜻대로 되지 않는 상태에 있을 때, 오히려 그 괴로움이 약이 되어 인격을
향상시킬 수 있다. 이와 반대로 언제나 남들이 아부하는 소리만 듣고 하는 일마다 순
조롭다면, 마치 독약 속에서 나날을 보내는 것과 같다. 본문에 나오는 '짐새'는 그 그
림자가 지나간 음식만 먹어도 죽는다는, 무서운 독이 있는 새를 말한다.

항상 기쁜 마음을 품어라

疾風怒雨에는 禽鳥도 戚戚하고 霽日光風에는 草木도 欣欣하나니
질 풍 노 우   금 조 척 척   제 일 광 풍   초 목 흔 흔

可見天地에 不可一日無和氣요 人心에 不可一日無喜神이니라
가 견 천 지   불 가 일 일 무 화 기   인 심   불 가 일 일 무 희 신

거센 바람과 폭우에는 새들도 근심하고, 화창한 날씨와 미풍에는 초
목도 기뻐한다. 천지에는 하루라도 온화한 기운이 없어서는 안 되고
사람의 마음에는 하루라도 기쁨이 없어서는 안 되는 것이다.

세상의 이치를 깨달은 이는 평범하게 행동한다

醲肥辛甘이 非眞味요 眞味는 只是淡이니라
농 비 신 감   비 진 미   진 미   지 시 담

神奇卓異는 非至人이요 至人은 只是常이니라
신 기 탁 이   비 지 인   지 인   지 시 상

진한 술, 기름진 고기와 맵고 단것은 참다운 맛은 아니다. 참다운 맛은 오로지 담박할 뿐이다. 기이한 재주와 탁월한 행실이 있어야 세상의 이치를 아는 사람이 되는 것은 아니다. 세상의 이치를 아는 사람은 다만 평범할 뿐이다.

해설

자극성 있는 것, 특히 짜거나 맵거나 잠시 미각을 자극하는 것들은 금방 싫증을 느끼게 된다. 또 사람을 깜짝 놀라게 하는 행동도 한두 번으로 족한 것이다. 평범한 가운데 실로 무궁한 맛이 들어 있다는 것이 홍자성의 철학이다. 이와 마찬가지로 진정한 인격자는 그 언행이라든가 자세에 있어 결코 지나침이 없이 아주 평범하고 소박하다. 대현大賢은 우愚와 통한다는 말도 이와 같은 것이다.

바쁜 때일수록 여유를 잃지 말라

天地는 寂然不動이로되 而氣機는 無息少停하며
천지   적연부동   이기기   무식소정

日月은 晝夜奔馳로되 而貞明은 萬古不易이니라
일월   주야분치   이정명   만고불역

故로 君子는 閒時에 要有喫緊的心思하며
고   군자   한시   요유끽긴적심사

忙處에 要有悠閒的趣味니라
망처   요유유한적취미

하늘과 땅은 고요하여 움직이지 않지만 그 작용은 잠시도 멈추지 않으며, 해와 달은 밤낮으로 바삐 달리고 있지만 그 밝은 빛은 영원히 변치 않는다. 그러므로 군자는 한가한 때에는 마음의 긴장을 놓지 말아야 하고, 바쁜 가운데에서도 여유로운 마음가짐이 있어야 한다.

해설

자연의 끊임없는 변화의 작용은 한시도 쉬지 않고 일어난다. 또 해와 달은 밤낮을 가리지 않고 끊임없이 운행되어 가만히 머물러 있는 일이 없지만 그 운행의 규칙성에는 조금의 변화도 없다. 이와 같이 대자연의 원리와 법칙은 움직이지 않고 변하지 않는 속에 움직임과 변함이 있고, 움직이고 변하는 그 속에 오히려 움직이지 않고 변하지 않음이 있는 것이다. 그러므로 군자는 한적한 때라 할지라도 급박한 때에 대처하기 위한 용의주도한 마음가짐이 필요하며, 이와 반대로 바쁜 경우에 처해 있을 때에는 언제나 유유하고 한가한 때의 여유를 가질 수 있어야 한다. 사람에게는 언제나 동중정動中靜과 정중동靜中動의 심적 자세가 필요한 것이다.

 마음을 들여다보는 때

夜深人靜에 獨坐觀心하면 始覺妄窮而眞獨露하나니
야 심 인 정　　독 좌 관 심　　　시 각 망 궁 이 진 독 로

每於此中에 得大機趣니라
매 어 차 중　　득 대 기 취

旣覺眞現而妄難逃하면 又於此中에 得大慚忸이니라
기 각 진 현 이 망 난 도　　　우 어 차 중　　득 대 참 뉵

밤이 깊어 인적이 없이 고요할 때에 홀로 앉아 자신의 마음을 들여다
보면, 비로소 허망한 생각이 사라지고 참된 마음이 나타나는 것을 깨
닫게 되며, 이런 가운데서 큰 진리를 얻게 된다. 그러나 이미 참된 마
음이 나타났는데도 허망한 생각에서 벗어나기 어려움을 깨닫게 되
면, 또한 이 가운데서 진실로 부끄러움을 느끼게 되는 것이다.

해설
깊은 밤 고요 속에서 혼자 자기 마음을 들여다볼 때 비로소 자기의 본심이 나타난다.
이런 때에야 비로소 인간의 본성을 되찾고 인생의 참된 의의를 발견하게 된다. 그러
나 이런 때에도 명리名利에 대한 허망한 생각에서 벗어나지 못한 자기 자신을 발견
하면 자기를 부끄럽게 여기는 마음이 깊어진다.

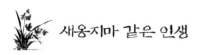 새옹지마 같은 인생

恩裡에 由來生害하나니 故로 快意時에 須早回頭하고
은리   유래생해   고   쾌의시   수조회두

敗後에 或反成功하나니 故로 拂心處에 莫便放手하라
패후   혹반성공   고   불심처   막변방수

은혜를 입고 있는 중에 재앙이 싹트는 것이니, 한창 의기양양할 때
일찌감치 돌이켜 반성해야 한다. 실패한 뒤에 오히려 성공이 따를 수
있으니, 마음대로 되지 않는다고 해서 곧바로 포기해서는 안 된다.

해설

겨울이 지나면 봄이 찾아오고 달도 차면 기우는 것이 자연의 법칙이지만 이것은 인
간에게도 그대로 적용된다. 이 점을 늘 염두에 두어 일이 순조롭게 풀려나갈 때에도
마음을 놓아서는 안 되며, 역경에 처했을 때에도 자포자기해서는 안 된다. 화사하게
피는 꽃도 한철이요, 폭풍뇌우도 한때라는 생각을 가지고 앞을 바라볼 수 있는 삶의
태도를 기른다면 좌절 속에서 재기할 수 있고 낙오되는 비극 속에 빠지지도 않을 것이
다.

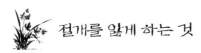# 절개를 얇게 하는 것

藜口莧腸者는 多氷淸玉潔하고
여 구 현 장 자 　다 빙 청 옥 결

袞衣玉食者는 甘婢膝奴顔하나니
곤 의 옥 식 자 　감 비 슬 노 안

蓋志以澹泊明하고 而節從肥甘喪也니라
개 지 이 담 박 명 　이 절 종 비 감 상 야

명아주나물로 입맛을 달래고 비름나물로 창자를 채우는 사람 중에는
얼음처럼 맑고 옥처럼 깨끗한 사람이 많지만, 비단옷을 입고 기름진
음식을 먹는 사람 중에는 남에게 굽실거리며 종 노릇도 기꺼이 하는
이가 많다. 대체로 지조는 담박하고 청렴한 데에서 뚜렷해지고 절개
는 호의호식하며 물욕을 탐하는 데에서 잃기 때문이다.

너그러움이 부족하지 않게 하라

面前的田地는 要放得寬하여 使人無不平之歎하며
면 전 적 전 지　　　요 방 득 관　　　사 인 무 불 평 지 탄

身後的惠澤은 要流得久하여 使人有不匱之思하라
신 후 적 혜 택　　　요 류 득 구　　　사 인 유 불 궤 지 사

살아 있을 때는 사람들을 너그럽게 대하여 불평과 탄식을 듣지 않도록 해야 하며, 죽은 뒤에는 은혜가 길이 이어지게 하여 사람들로 하여금 부족했다는 생각이 들지 않도록 해야 한다.

해설

사람은 언제나 마음을 개방적으로 가져서 현명함과 어리석음, 선과 악을 차별하지 않고 누구나 포용할 만해야 한다. 그렇지 않을 때 사람은 편파적으로 흘러 옹졸하고 독선적인 처신을 일삼게 되어 비난의 대상이 된다. 또 죽은 뒤에도 유덕遺德이 길이 전해지도록 해야만 한다.

세상을 편안하고 즐겁게 사는 법

徑路窄處에는 留一步하여 與人行하며
경 로 착 처   유 일 보   여 인 행

滋味濃的은 減三分하여 讓人嗜하라
자 미 농 적   감 삼 분   양 인 기

此是涉世의 一極安樂法이니라
차 시 섭 세   일 극 안 락 법

좁은 길에서는 한 걸음 물러서서 다른 사람을 먼저 가게 하고, 맛있는 음식은 조금 덜어 다른 사람들도 맛보게 하라. 이것이 세상을 살아가는 가장 편안하고 즐거운 방법 중의 하나이다.

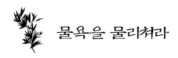 물욕을 물리쳐라

作人이 無甚高遠事業이라도 擺脫得俗情이면 便入名流하고
작인 무심고원사업 파탈득속정 변입명류

爲學에 無甚增益工夫라도 減除得物累면 便超聖境이니라
위학 무심증익공부 감제득물루 변초성경

사람으로서 위대한 일을 이루지는 못했을지라도 속된 욕심에서 벗어나기만 하면 그것만으로도 이름이 헛되지 않을 것이요, 학문을 하는 사람이 비록 공부를 많이 하지는 못했다 할지라도 물욕을 마음속에서 물리칠 수 있다면 이것으로 가히 성인의 경지에 이를 수 있을 것이다.

친구를 사귐에는 의협심을 지녀야 한다

交友에는 須帶三分俠氣하고 作人에는 要存一點素心이니라
교우　　수대삼분협기　　작인　　요존일점소심

벗을 사귈 때는 모름지기 어느 정도 의협심을 지녀야 하고, 사람으로
처신함에 있어서는 어느 정도 순수한 마음을 간직해야 한다.

해설

벗을 사귐에 길흉화복을 함께할 의협심이 없으면 참된 벗이 될 수 없으며, 사람다운
사람이 되기 위해서는 일말의 순수한 본심만은 굳게 지녀야 한다. 왜냐하면 인간의
순수한 본심만이 속세에 물들지 않고 끝까지 지조와 의리를 지켜나갈 수 있고, 인간
의 도덕적 양심을 이어갈 수 있기 때문이다.

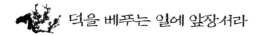 덕을 베푸는 일에 앞장서라

寵利에는 *毋居人前*하고 德業에는 *毋落人後*하라
총 리　　 무 거 인 전　　　 덕 업　　　 무 락 인 후

受享에는 *毋踰分外*하고 修爲에는 *毋減分中*하라
수 향　　 무 유 분 외　　　 수 위　　　 무 감 분 중

혜택과 이익에 있어서는 다른 사람보다 앞서지 말고, 덕을 베푸는 데 있어서는 다른 사람에게 뒤처지지 말라. 받아서 누리는 것은 자신의 분수를 넘지 않도록 하고, 자신을 수양하는 일에는 있는 힘껏 행하라.

해설

혜택과 이익은 더 많이 차지하려고 다투지 말고 될수록 남에게 양보하는 것이 좋다. 그러나 덕행이나 사회를 위한 공적 사업에서는 남보다 뒤지지 않게 적극적으로 나서야 한다. 또 남에게 받는 물건은 받을 수 있는 충분한 명분이 있다 할지라도 분수에 넘지 않도록 해야 한다. 그러나 자기 몸을 닦는 수양과 실천에 있어서는 분수를 줄이는 일이 없이 그 이상으로 노력하지 않으면 안 되는 것이다.

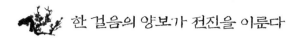 한 걸음의 양보가 전진을 이룬다

處世에는 讓一步를 爲高하나니 退步는 卽進步的張本이요
처세   양일보   위고   퇴보   즉진보적장본

待人에는 寬一分이 是福이니 利人은 實利己的根基니라
대인   관일분   시복   이인   실리기적근기

세상을 살아가는 데는 한 걸음 물러설 줄 아는 것을 높게 여기나니,
한 걸음 양보하는 것은 곧 스스로 전진할 바탕이 되기 때문이다. 사
람 대함에 있어서는 조금 너그럽게 하는 것이 복이 되나니, 남을 이
롭게 하는 것은 바로 자신을 유익하게 하는 근본이 되기 때문이다.

공로를 자랑하면 가치를 잃는다

蓋世功勞도 當不得一箇矜字요
개 세 공 로   당 부 득 일 개 긍 자

彌天罪過도 當不得一箇悔字니라
미 천 죄 과   당 부 득 일 개 회 자

온 세상에 알려질 만한 공로도 자만이란 '긍矜' 한 글자를 당해낼 수
없고, 하늘에 닿을 듯한 죄악도 뉘우침이란 '회悔' 한 글자를 이겨내
지 못한다.

해설

온 세상에 알려질 만큼 큰 공로를 세웠더라도 스스로 그 일을 자랑한다면 아무런 가
치가 없을 것이며, 하늘이 노할 만큼 큰 죄를 지었더라도 진심으로 깊이 뉘우친다면
그 죄는 용서받을 수 있는 것이다.

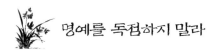
명예를 독점하지 말라

完名美節은 不宜獨任이니 分些與人이라야 可以遠害全身이요
완 명 미 절　　불 의 독 임　　　분 사 여 인　　　가 이 원 해 전 신

辱行汚名은 不宜全推니 引些歸己라야 可以韜光養德이니라
욕 행 오 명　　불 의 전 추　　인 사 귀 기　　　가 이 도 광 양 덕

명예와 훌륭한 공로는 혼자 차지하지 말라. 어느 정도는 다른 사람과
나누어야 해를 멀리하여 몸을 보전할 수 있다. 욕된 행실과 이름을
더럽히는 일은 모두 남의 탓으로만 돌리지 말라. 어느 정도는 나의
책임으로 돌려야 지혜를 간직하고 덕을 기를 수 있을 것이다.

항상 여지를 남겨두라

事事에 留個有餘하여 不盡的意思면
사사　유개유여　　부진적의사

便造物도 不能忌我하고 鬼神도 不能損我니라
변조물　불능기아　　귀신　불능손아

若業必求滿하고 功必求盈者는 不生內變이나 必召外憂니라
약업필구만　　공필구영자　　불생내변　　필소외우

일마다 얼마만큼의 여분을 남겨두고 끝까지 다하지 않는다는 뜻을
가지면 조물주도 나를 미워하지 못할 것이요, 귀신도 나를 해치지 못
할 것이다. 만약에 일마다 다 이루어지도록 바라고 공功도 반드시 가
득 채우기를 바란다면, 안에서 변고가 일어나거나 바깥에서 근심을
부르게 될 것이다.

참된 부처는 가정에 있다

家庭에 有個眞佛하고 日用에 有種眞道라
가 정　유 개 진 불　　일 용　유 종 진 도

人能誠心和氣하고 愉色婉言하여
인 능 성 심 화 기　　유 색 완 언

使父母兄弟間에 形骸兩釋하고 意氣交流하면
사 부 모 형 제 간　　형 해 양 석　　　의 기 교 류

勝於調息觀心萬倍矣니라
승 어 조 식 관 심 만 배 의

가정 안에 하나의 참된 부처가 있고, 일상생활 속에 한 가지 참된 도
가 있다. 사람이 성실한 마음을 갖고 화친을 도모하며 즐거운 안색을
하고 부드러운 말씨로 부모와 형제를 한 몸이 되게 하고 뜻이 맞게
하면, 부처 앞에 앉아 숨을 고르게 쉬고 마음을 가다듬는 것보다 만
배나 나을 것이다.

해설

부처는 절에서 찾기에 앞서 가정에서 찾아야 하며, 진리는 상아탑 속에서 찾기에 앞
서 일상생활 속에서 찾아야 한다. 한 집안 식구가 성실하고 화평하게 살며 마음을 하
나로 융합할 수 있다면 부처님 앞에서 도를 닦는 것보다 몇만 배나 나은 것이다.

고요한 가운데 활기를 잃지 말라

好動者는 雲電風燈이요 嗜寂者는 死灰槁木이라
호 동 자　　운 전 풍 등　　　기 적 자　　사 회 고 목

須定雲止水中에 有鳶飛魚躍氣象하니 總是有道的心體니라
수 정 운 지 수 중　　유 연 비 어 약 기 상　　　총 시 유 도 적 심 체

움직이기를 좋아하는 사람은 구름 사이에 번쩍이는 번개나 바람 앞
의 등불과 같으며, 고요하기를 즐기는 사람은 불 꺼진 재나 마른 나
무와 같다. 모름지기 멈추어 있는 구름이나 잔잔한 물과 같은 경지
에서도 소리개 날고 물고기 뛰노는 기상이 있어야 하니, 이것이 바로
도를 깨친 이의 마음이다.

해설

활동과 변화만을 좋아하게 되면 구름 속의 번개나 바람 앞의 등불처럼 안정성이 없
으며, 정숙과 안정만을 좋아하게 되면 불 꺼진 재나 마른 나무와 같이 생명력을 잃게
된다. 그러므로 멈추어 있는 구름 사이로 소리개가 날고, 잔잔한 물속에서도 고기가
뛰놀듯이, 움직이지 않는 정靜 속에도 생명력이 넘쳐흐르는 동動이 있어야만 참된
도를 체득한 사람의 심체라 하겠다.

비판도 듣는 이가 받아들일 수 있는 만큼만 하라

攻人之惡에는 *毋太嚴*하고 *要思其堪受*하라
공 인 지 악　　　무 태 엄　　　요 사 기 감 수

教人以善에는 *毋過高*하고 *當使其可從*하라
교 인 이 선　　　무 과 고　　　당 사 기 가 종

다른 사람의 잘못을 비판할 때는 지나치게 엄격하게 하지 말고, 그가
그 책망을 감수할 수 있는가를 생각해야 한다. 다른 사람에게 선행을
가르칠 때는 너무 어려운 것을 기대하지 말고 그가 따를 수 있을 만
큼 해야 한다.

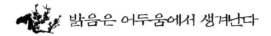 밝음은 어두움에서 생겨난다

糞蟲은 至穢나 變爲蟬하여 而飮露於秋風하고
분 충 지 예 변 위 선   이 음 로 어 추 풍

腐草는 無光이나 化爲螢하여 而耀采於夏月하나니
부 초 무 광   화 위 형   이 요 채 어 하 월

固知潔常自汚出하고 明每從晦生也니라
고 지 결 상 자 오 출   명 매 종 회 생 야

굼벵이는 몹시 더러우나 매미로 변하여 가을 바람결에 맑은 이슬을 마시고, 썩은 풀은 빛이 없으나 반딧불로 변하여 여름밤을 빛낸다. 그러므로 깨끗함은 항상 더러움에서 나오고, 밝음은 늘 어두움에서 비롯된다는 것을 알아야 할 것이다.

해설

인간의 위대함은 현실의 무가치한 것을 지양하여 가치로 지향하는 데 있으며, 인간에게는 그러한 가변성과 가능성이 있다. 처염상정處染常淨은 곧 인간의 가치적 가변성의 극치이다. 연꽃의 가치는 뿌리는 더러운 물속에 박고 있되 줄기는 곧고 정정하며, 고상한 빛깔로 꽃피는 데 있다. 맑은 이슬을 마시고 사는 매미가 더러운 굼벵이에서 나오고, 썩은 풀 속 어두운 곳에서 나온 반딧불이 밝은 빛을 나타낸다. 깨끗한 것은 더러운 것에서, 밝은 것은 어두운 곳에서 나오듯이 못난 사람도 자기의 노력에 의해서 환골탈태하여 더 나은 사람이 될 수 있는 것이다.

욕망을 물리친 뒤에야 참된 마음이 드러난다

矜高倨傲는 無非客氣니 降伏得客氣下而後에 正氣伸하고
긍 고 거 오　　무 비 객 기　　항 복 득 객 기 하 이 후　　정 기 신

情欲意識은 盡屬妄心하니 消殺得妄心盡而後에 眞心現이니라
정 욕 의 식　　진 속 망 심　　소 살 득 망 심 진 이 후　　진 심 현

뽐내며 오만한 것 중에 객기가 아닌 것이 없으니 객기를 물리친 뒤
에야 바른 기운이 자랄 수 있다. 욕망과 사사로운 탐닉은 모두가 망
령된 마음이므로 이런 마음을 물리친 뒤에야 참된 마음이 나타나게
된다.

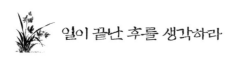 일이 끝난 후를 생각하라

飽後에 思味하면 則濃淡之境이 都消하고
포 후　사 미　　즉 농 담 지 경　　도 소

色後에 思婬하면 則男女之見이 盡絶이니라
색 후　사 음　　즉 남 녀 지 견　　진 절

故로 人常以事後之悔悟로 破臨事之癡迷하면
고　인 상 이 사 후 지 회 오　파 임 사 지 치 미

則性定而動無不正이니라
즉 성 정 이 동 무 부 정

배불리 먹고 난 뒤에 음식의 맛을 생각하면 맛있고 맛없다는 분별이 모두 사라지게 되고, 성욕이 충족된 뒤에 욕정을 생각하면 이성에 대한 생각이 사라지게 된다. 그러므로 사람이 항상 일이 끝난 후에 뉘우칠 것을 생각하여 일을 시작할 때의 어리석음과 혼미함을 물리친다면 본성이 바로잡혀 행동이 바르지 않음이 없을 것이다.

해설

식욕이 일단 충족되고 나면 아무리 산해진미라 할지라도 소용이 없게 되고, 아무리 양귀비 같은 미인이 있다 할지라도 정욕이 충족되고 나면 이성에 대해서 무관심해진다. 인간의 모든 욕망은 그것을 충족시킨 뒤엔 시들해지고 관심도 없게 되며 도리어 후회도 생긴다. 그러므로 사람은 언제나 일이 끝난 뒤에 생긴 후회의 마음을 간직해 두었다가 그 일을 하고 싶은 욕망이 일어날 때에는 이 후회를 상기해서 부질없는 일을 하지 않도록 해야 한다. 그렇게 할 때 사람의 본성은 안정을 얻게 되고 행동은 올바르게 된다.

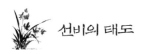 ## 선비의 태도

居軒冕之中이나 不可無山林的氣味하고
거 헌 면 지 중　　불 가 무 산 림 적 기 미

處林泉之下나 須要懷廊廟之經綸이니라
처 임 천 지 하　　수 요 회 낭 묘 지 경 륜

선비는 높은 벼슬에 있을 때에도 자연을 벗삼는 고상한 취미가 없어
서는 안 되며, 자연에 묻혀 이름 없는 처사의 생활을 할지라도 모름
지기 국가를 다스리는 포부를 지니고 있어야 하는 것이다.

 ## 원망을 사지 않는 것이 곧 은덕이다

處世엔 不必邀功하라 無過면 便是功이니라
처 세　　불 필 요 공　　무 과　　변 시 공

與人엔 不求感德하라 無怨이면 便是德이니라
여 인　　불 구 감 덕　　무 원　　변 시 덕

세상을 살면서 꼭 성공만을 바라지 말라. 과오가 없으면 그것이 곧
성공인 것이다. 남에게 베풀 때에는 상대가 감격할 것을 바라지 말라.
원망을 사지 않으면 그것이 곧 은덕인 것이다.

청렴도 지나치면 해가 된다

憂勤은 是美德이나 太苦則無以適性怡情하고
우근　시미덕　　태고즉무이적성이정

澹泊은 是高風이나 太枯則無以濟人利物이니라
담박　시고풍　　태고즉무이제인이물

모든 일에 근심하고 부지런히 일하는 것이 미덕이기는 하지만, 지나
치게 수고하면 본성에 따르거나 마음을 즐겁게 할 수 없다. 청렴하고
결백한 것은 높은 기개지만, 지나치게 깨끗하면 사람을 돕거나 이롭
게 할 수 없다.

처음의 마음을 기억하라

事窮勢蹙之人은 當原其初心하고
사 궁 세 축 지 인　　당 원 기 초 심

功成行滿之士는 要觀其末路니라
공 성 행 만 지 사　　요 관 기 말 로

일이 막혀 답답한 사람은 마땅히 처음 시작했을 때의 마음을 돌이켜
볼 것이요, 공을 이루어 만족하는 사람은 그 말로를 살펴야 한다.

해설

하는 일이 곤경에 빠져 형세가 매우 답답한 처지에 있을 때에는 그 일을 처음 시작
할 때의 각오를 상기함으로써 심기일전의 자세를 지녀야 한다. 하는 일이 뜻대로 잘
풀리고 성공에 도달했을 때에는 장차 그 일이 어떻게 될 수 있는지를 헤아려 보고
너무 방심하거나 해이해지지 않도록 해야 한다. 차면 기울고 궁하면 통하는 것이 세
상일임을 알아서 자포자기하지도 말고 방심하거나 지나치게 낙관하지도 말아야 공
명功名과 성명性命을 이룰 수 있다.

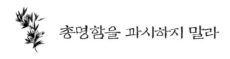

총명함을 과시하지 말라

富貴家는 宜寬厚이어늘 而反忌刻이면
부귀가   의관후   이반기각

是富貴而貧賤其行矣니 如何能享이리요
시부귀이빈천기행의   여하능향

聰明人은 宜斂藏이어늘 而反炫耀하면
총명인   의렴장   이반현요

是聰明而愚懵其病矣니 如何不敗리요
시총명이우몽기병의   여하불패

부귀한 집안은 너그럽고 후덕해야 하는데 도리어 샘이 많고 인색하게 군다면 부귀하면서도 그 행실은 가난하고 천하게 하는 것이니 어떻게 부귀를 누릴 수 있겠는가? 총명한 사람은 마땅히 그 재능을 깊이 감추어야 하는데 도리어 잘난 듯 과시하면 총명하면서도 우매하게 그 병폐를 벗어나지 못하는 것이니 어찌 실패하지 않겠는가?

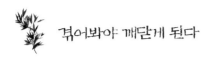

겪어봐야 깨닫게 된다

居卑而後에 知登高之爲危하고 處晦而後에 知向明之太露하며
거 비 이 후   지 등 고 지 위 위   처 회 이 후   지 향 명 지 태 로

守靜而後에 知好動之過勞하고 養黙而後에 知多言之爲躁니라
수 정 이 후   지 호 동 지 과 로   양 묵 이 후   지 다 언 지 위 조

낮은 곳에 거처해본 뒤에라야 높은 곳에 오르는 것의 위태로움을 알 것이요, 어두운 곳에 있어본 뒤에라야 밝은 빛을 향함이 눈부신 줄을 알 것이며, 고요함을 지키고 살아본 뒤에라야 움직임을 좋아함이 수고로운 것인 줄을 알 것이며, 침묵하는 것을 배운 뒤에라야 말 많음이 시끄러운 줄을 알 것이다.

해설

높은 지위에 있을 때에는 그것이 얼마나 위험한 것인지 잘 모른다. 그 자리에서 물러나 낮은 데서 보아야 비로소 그 위험성을 알게 된다. 어두운 데서 보면 해가 비치는 곳에 있는 것의 실태를 잘 볼 수 있다. 조용한 생활을 해본 후에야 지나치게 활동하는 것이 부질없음을 깨닫게 되고, 조용히 홀로 남들이 떠드는 것을 지켜본 후에야 그것이 얼마나 시끄러운가를 알게 된다. 그러므로 사람은 높은 데 있을 때에는 몸을 낮추고, 밝은 데 나가서는 행동을 조심하며, 조용히 활동할 때에는 고요의 멋을 알아야 한다. 또한 침묵을 지키고 말을 삼가야 한다.

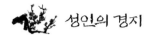 성인의 경지

放得功名富貴之心下라야 便可脫凡이오
방 득 공 명 부 귀 지 심 하　　　변 가 탈 범

放得道德仁義之心下라야 纔可入聖이니라
방 득 도 덕 인 의 지 심 하　　　재 가 입 성

공명과 부귀에 대한 욕심을 버려야만 평범하고 속된 것에서 벗어날
것이요, 도덕과 인의에 대한 집착에서 벗어나야만 비로소 성인의 경
지에 이를 것이다.

 진실로 해로운 것

利欲이 未盡害心이요 意見이 乃害心之蟊賊이며
이 욕　　미 진 해 심　　　의 견　　내 해 심 지 모 적

聲色이 未必障道요 聰明이 乃障道之藩屛이니라
성 색　　미 필 장 도　　총 명　　내 장 도 지 번 병

이익과 욕심이 다 마음을 해치는 것은 아니다. 자신만이 옳다고 생각
하는 독선이야말로 마음을 해치는 도적이다. 애욕이 반드시 도덕수
양을 방해하는 것은 아니다. 스스로 총명하다고 잘난 체하는 것이야
말로 도덕수양의 장애물이다.

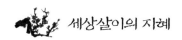 세상살이의 지혜

人情은 反復하고 世路는 崎嶇니라
인정　반복　　세로　기구

行不去處에는 須知退一步之法하고
행불거처　　수지퇴일보지법

行得去處에는 務加讓三分之功이니라
행득거처　　무가양삼분지공

사람의 마음은 변하기 쉽고, 세상살이는 험난하고 고생스럽기만 하다. 일이 순탄치 못할 때에는 모름지기 한 걸음 물러나는 이치를 알아야 하고, 일이 거침없이 잘될 때에는 반드시 조금씩 양보하는 공덕을 길러야 한다.

해설

사람의 마음은 변하기 쉽고, 세상을 살아가는 길은 험하기 그지없다. 그런 세상을 평탄하게 살아가는 방법이 있으니 그것은 남에게 얼마간 양보하는 것이다. 험하고 좁은 길에서는 먼저 지나가도록 양보하고, 가기 쉬운 넓은 길에서는 나란히 걸어갈 만큼의 길을 비켜주는 것이다. 또 어려운 일을 당하면 상대방을 먼저 안전한 곳으로 내보내고, 이득이 생기면 상대방에게 나눠주기를 잊지 말아야 한다. 이것이 세상을 살아가는 도리다.

군자에게는 예를 다함이 어렵다

待小人에는 不難於嚴이나 而難於不惡하고
대 소 인   불 난 어 엄   이 난 어 불 오

待君子에는 不難於恭이나 而難於有禮니라
대 군 자   불 난 어 공   이 난 어 유 례

소인을 대함에 있어서는 엄하게 하기는 어렵지 않으나 미워하지 않
기가 어려우며, 군자를 대함이 있어서는 공손하게 함은 어렵지 않으
나 예를 바르게 갖추는 것이 어렵다.

해설

소인은 엄격하게 대하여 그가 인격적 모독이나 침범을 받지 않도록 하는 동시에 그
가 사회적으로 지탄받고 있다는 사실을 깨달을 수 있는 기회를 주어야 할 것이요, 또
그의 행동에 대해서도 엄정한 평가를 해주도록 해야지, 덮어놓고 죄악시해서는 안
된다. 또 인격과 덕망이 높은 군자를 대할 때는 그를 존대한다 해서 지나치게 공손하
게 굴면 그를 모독하는 동시에 스스로 비굴하게 되어 인격적으로 피차 손상되므로,
존경하는 것도 마땅히 도덕적인 행동규범에 맞도록 해야 한다.

부귀영화를 버리고 깨끗한 이름을 남기라

寧守渾噩하고 而黜聰明하여 留些正氣還天地하고
영 수 혼 악　　이 출 총 명　　유 사 정 기 환 천 지

寧謝紛華하고 而甘澹泊하여 遺個淸名在乾坤하라
영 사 분 화　　이 감 담 박　　유 개 청 명 재 건 곤

차라리 순박함을 지키고 총명함을 물리쳐 크고 굳센 기운을 남겨 천
지에 돌려주는 것이 나으며, 차라리 부귀영화를 버리고 담박한 삶을
즐겁게 여겨 깨끗한 이름을 천하에 남기는 것이 낫다.

해설

혼악渾噩은 소박하여 꾸밈이 없는 것이다. 이는 인간 본연의 성품으로서 정기正氣와
직결된다. 또한 총명은 경박하게 잔재주를 부리는 영리함을 말한다. 사람은 총명을
배재하고 본성을 지켜 정기를 간직하였다가 죽은 후에 원래의 천지로 돌려보내야
한다. 그리고 화려하고 사치스러운 생활은 진심을 해치는 것이니, 이것을 버리고 담
박한 생활로 깨끗한 이름을 세상에 길이 남겨야 한다.

자신의 마음부터 다스려라

降魔者는 先降自心하라 心伏則群魔退聽이니라
항 마 자　　선 항 자 심　　　심 복 즉 군 마 퇴 청

馭橫者는 先馭此氣하라 氣平則外橫不侵이니라
어 횡 자　　선 어 차 기　　　기 평 즉 외 횡 불 침

악귀를 항복시키기 위해서는 먼저 자신의 마음을 항복시켜라. 마음
이 가라앉으면 뭇 악귀들이 잠잠히 물러나 순종하게 된다. 횡포함을
제압하기 위해서는 먼저 자신의 횡포한 기질을 제어하라. 횡포한 기
질이 평온해지면 외부의 어떤 횡포함도 침범하지 못하게 된다.

친구 사귐의 중요성

敎弟子는 如養閨女하여 最要嚴出入하고 謹交遊하나니
교 제 자   여 양 규 녀   최 요 엄 출 입   근 교 유

若一接近匪人이면 是는 淸淨田中에 下一不淨種子하여
약 일 접 근 비 인   시   청 정 전 중   하 일 부 정 종 자

便終身難植嘉禾矣니라
변 종 신 난 식 가 화 의

자녀를 교육할 때는 규중처녀를 기르듯 출입을 엄하게 하고 친구 사
귐을 가리도록 한다. 만일 한번 나쁜 사람과 어울리게 되면 이는 기
름진 밭에 잡초의 씨를 뿌리는 것과 같다. 잡초만 우거져서 평생 좋
은 벼를 심기 어렵다.

욕망은 조금도 가까이함이,
도리는 조금도 멀어짐이 없게 하라

欲路上事는 毋樂其便하여 而姑爲染指하라
욕 로 상 사　　무 락 기 변　　이 고 위 염 지

一染指면 便深入萬仞이니라
일 염 지　　변 심 입 만 인

理路上事는 毋憚其難하여 而稍爲退步하라
이 로 상 사　　무 탄 기 난　　이 초 위 퇴 보

一退步면 便遠隔千山이니라
일 퇴 보　　변 원 격 천 산

욕망에 관한 일은 잠시라도 즐겨 손끝에 물들이지 않도록 하라. 한번
물들게 되면 이내 만길 벼랑 아래로 떨어지게 되는 것이다. 도리에
관한 일은 어려움이 있을지라도 결코 뒤로 물러서지 말라. 일단 한
걸음 물러서게 되면 문득 천산의 거리만큼 멀어지게 되는 것이다.

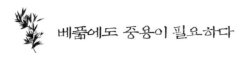

베풂에도 중용이 필요하다

念頭濃者는 自待厚하고 待人亦厚하여 處處皆濃이요
염두농자　자대후　대인역후　처처개농

念頭淡者는 自待薄하고 待人亦薄하여 事事皆淡이니라
염두담자　자대박　대인역박　사사개담

故로 君子는 居常嗜好에 不可太濃艶하며 亦不宜太枯寂이니라
고　군자　거상기호　불가태농염　역불의태고적

마음이 후한 사람은 자신에게도 후하고 남에게도 역시 후하여 가는
곳마다 모두 너그럽게 대하지만, 인정이 메마른 사람은 자신에게도
박하고 남에게도 또한 박하여 하는 일마다 냉담하다. 그러므로 군자
는 일상의 즐기고 좋아함에 있어 너무 너그럽거나 후해서도 안 되며,
지나치게 메마르거나 각박해서도 안 되는 것이다.

해설

후덕한 사람은 하는 일마다 모두 후하다. 이것은 미덕이지만 지나치면 무절제요, 낭
비가 된다. 또 청렴한 사람은 하는 일마다 깨끗하다. 이것은 고상한 일이지만 지나
치면 각박해진다. 그러므로 사람은 후하고 청렴하되 지나치지 말고 중용을 취해야
한다.

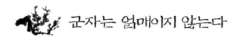 군자는 얽매이지 않는다

彼富면 我仁이요 彼爵이면 我義니
피부　아인　　피작　　아의

君子는 固不爲君相所牢籠이니라
군자　고불위군상소뢰롱

人定이면 勝天하고 志一이면 動氣하나니
인정　　승천하고　지일　　동기

君子는 亦不受造物之陶鑄니라
군자　역불수조물지도주

상대가 부를 내세우면 나는 인으로서 대응하고, 상대가 벼슬을 내세우면 나는 의를 내세운다. 그러므로 군자는 본래 군주나 대신들에게 농락당하는 일이 없다. 사람이 힘을 합하면 천명도 이길 수 있고, 뜻을 하나로 모으면 기도 변하게 할 수가 있나니 그러므로 군자는 또한 조물주의 틀에 얽매이지 않는다.

해설

군자는 부귀영화 같은 물욕에서 벗어나 인의도덕으로 세상을 살아간다. 그러므로 만일 상대방이 부로써 대한다면 인덕人德으로 대하고, 지위로써 대한다면 굳은 절개와 의리로 대하여 결코 권력의 지배를 받지 않는다. 사람의 힘이 굳으면 자연의 힘도 이길 수 있고, 뜻이 한결같으면 기질도 변화시킬 수 있다. 따라서 군자의 높은 수양의 힘은 조물주의 지배도 받지 않는다고 하여 군자를 높이 찬양하고 있다.

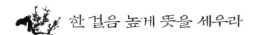 한 걸음 높게 뜻을 세우라

立身에 不高一步立하면
입신　불고일보립

如塵裡에 振衣하고 泥中에 濯足하니 如何超達이리요
여진리　진의　　니중　탁족　　여하초달

處世에 不退一步處면 如飛蛾投燭하고 羝羊觸藩이니 如何安樂이리요
처세　불퇴일보처　여비아투촉　　저양촉번　　여하안락

몸을 세움에 있어 남보다 한 걸음 더 높이 세울 수 없다면 이는 먼지 속에서 옷을 털고 흙탕물에 발을 씻는 것과 같으니 어찌 인생을 달관할 수 있겠는가. 세상을 살아감에 있어 남보다 한 걸음 뒤로 물러설 줄 모른다면 이는 불나방이 촛불에 날아들고 무모한 양이 울타리를 들이받는 것과 같으니 어찌 생활의 안락함을 바랄 수 있겠는가.

해설

인격적으로 자기를 확립함에 있어서는 남보다 한 걸음이라도 높은 곳에 서지 않으면 마치 티끌 속에서 옷에 묻은 먼지를 털고, 진흙 속에서 발을 씻는 것과 같이 소용없는 것으로 인격적으로 초탈할 수가 없다. 세상을 살아가는 태도는 항상 다른 사람들보다 한 걸음 물러서서 사양하고 겸양하여야만 하니, 그렇지 않으면 남과 조그만 이해관계를 가지고도 서로 다투고 시비하게 될 것이다. 그렇게 되면 마치 불나방이 촛불 속에 뛰어드는 것처럼 스스로 멸망의 구렁텅이를 파는 것같이 될 것이며, 어린 양이 뿔을 울타리에 들이받는 것처럼 스스로 손해만 보되 아무런 이로움도 없게 될 것이니, 이렇게 해서는 인생을 안락하게 살아갈 수가 없을 것이다.

학문하는 사람의 자세

學者는 要收拾精神하여 倂歸一路니라
학자　요수습정신　　병귀일로

如修德而留意於事功名譽면 必無實詣며
여수덕이유의어사공명예　필무실예

讀書而寄興於吟咏風雅면 定不深心이니라
독서이기흥어음영풍아　정불심심

학문하는 사람은 오로지 정신을 가다듬어 한 곳으로 집중해야 한다.
만약 덕을 닦으면서 성공이나 명예에 뜻을 둔다면 결코 깊은 경지에
는 이르지 못할 것이요, 책을 읽으면서 단순히 읊조리는 맛이나 풍류
에만 흥미를 느낀다면 결코 깊은 의미는 깨닫지 못할 것이다.

욕정에 사로잡히면 지척도 천리가 된다

人人이 有個大慈悲하니 維摩屠劊가 無二心也요
인 인　유 개 대 자 비　유 마 도 회　무 이 심 야

處處에 有種眞趣味하니 金屋茅簷이 非兩地也니라
처 처　유 종 진 취 미　금 옥 모 첨　비 양 지 야

只是欲蔽情封하여 當面錯過하면 使咫尺千里矣니라
지 시 욕 폐 정 봉　　당 면 착 과　　사 지 척 천 리 의

사람마다 모두 자비심이 있으니 깨달은 사람과 중생이 두 마음이 아니고, 사람 사는 곳마다 모두 저마다의 참된 맛과 향기가 있으니 고대광실과 초가집이 다른 것이 아니다. 다만 욕심에 덮이고 욕정에 사로잡혀 한 번 잘못을 저지르게 되면 지척이 천리가 되고 만다.

해설

세상에는 착한 사람과 악한 사람이 있는 것이 사실이지만 그럼에도 불구하고 사람의 본성은 한결같이 착하여, 유마거사와 같은 도인이나 백정이나 다 같이 자비심을 갖고 있다. 또 호화로운 저택에 살거나 오두막에 살거나 인생의 참된 맛을 알고 사는 것은 오직 자기의 마음가짐에 달려 있다. 다만 욕심과 감정에 사로잡혀 있으면 눈앞이 가로막혀 진실이 보이지 않아 손이 닿는 데 있는 것도 멀리 천리나 떨어져 있는 것으로 보인다.

큰일을 이루려면 부귀를 탐하지 말라

進德修道에는 要個木石的念頭니 若一有欣羨이면 便趨欲境이니라
진 덕 수 도　　　요 개 목 석 적 염 두　　약 일 유 흔 선　　　변 추 욕 경

濟世經邦에는 要段雲水的趣味니 若一有貪著이면 便墮危機니라
제 세 경 방　　　요 단 운 수 적 취 미　　약 일 유 탐 착　　　변 타 위 기

덕을 기르고 도를 닦으려면 목석과 같이 흔들리지 않는 마음을 지녀
야 한다. 만일 한번 부귀를 부러워하는 마음이 생기게 되면 이내 욕
망의 세계로 치닫게 되는 것이다. 세상을 구제하고 나라를 경영할 때
는 모름지기 떠도는 구름이나 흐르는 물처럼 집착하지 않는 마음을
지녀야 한다. 만일 조금이라도 부귀영화에 연연한다면 이내 위태로
운 지경에 떨어지게 되는 것이다.

사람의 본성은 항상 드러나는 법이다

吉人은 無論作用安詳이요 則夢寐神魂도 無非和氣니라
길인　무론작용안상　　즉몽매신혼　무비화기

凶人은 無論行事狼戾요 則聲音咲語도 渾是殺機니라
흉인　무론행사낭려　즉성음소어　혼시살기

착한 사람은 평소 언행이 온유하고 자상할 뿐만 아니라 잠자는 동안의 정신까지도 온화한 기운이 깃들어 있다. 흉악한 사람은 하는 일마다 포악하고 잔인할 뿐만 아니라 목소리와 웃음까지도 살기가 서려 있다.

죄는 아무도 모르게라도 짓지 말아야 한다

肝受病則目不能視하고 腎受病則耳不能聽하여
간 수 병 즉 목 불 능 시   신 수 병 즉 이 불 능 청

病受於人所不見이나 必發於人所共見이니라
병 수 어 인 소 불 견   필 발 어 인 소 공 견

故로 君子는 欲無得罪於昭昭이든 先無得罪於冥冥이니라
고   군 자   욕 무 득 죄 어 소 소   선 무 득 죄 어 명 명

간이 병들면 눈이 보이지 않고, 콩팥이 병들면 귀가 들리지 않게 된다. 이와 같이 병은 남들이 볼 수 없는 곳에 생기지만 반드시 남들이 모두 볼 수 있는 곳에 드러난다. 그러므로 군자가 남들이 보는 곳에서 죄를 짓지 않으려면 먼저 아무도 모르는 곳에서부터 죄를 짓지 말아야 한다.

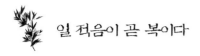 일 적음이 곧 복이다

福莫福於少事하고 禍莫禍於多心하나니
복 막 복 어 소 사   화 막 화 어 다 심

唯苦事者라야 方知少事之爲福하고
유 고 사 자   방 지 소 사 지 위 복

唯平心者라야 始知多心之爲禍니라
유 평 심 자   시 지 다 심 지 위 화

일 적은 것보다 큰 복이 없고, 마음 고생 많은 것보다 큰 화가 없으니,
일에 시달려 본 사람만이 일 적은 것이 복이라는 것을 알고, 마음이
평온한 사람만이 마음 고생 많은 것이 화라는 것을 안다.

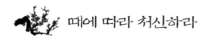 때에 따라 처신하라

處治世에는 宜方하고 處亂世에는 宜圓하며
처 치 세   의 방   처 난 세   의 원

處叔季之世에는 當方圓並用이라
처 숙 계 지 세   당 방 원 병 용

待善人에는 宜寬하고 待惡人에는 宜嚴하며
대 선 인   의 관   대 악 인   의 엄

待庸衆之人에는 當寬嚴互存이니라
대 용 중 지 인   당 관 엄 호 존

태평한 세상에 살 때에는 품행을 바르게 해야 하고, 어지러운 세상에
살 때에는 원만해야 하며, 평범한 세상에 살 때에는 바른 품행과 원
만함을 동시에 갖추어야 한다. 착한 사람을 대할 때에는 관대해야 하
고, 악한 사람을 대할 때에는 엄격해야 하며, 평범한 사람을 대할 때
에는 관대함과 엄격함을 아울러 지녀야 하는 것이다.

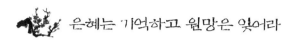 은혜는 기억하고 원망은 잊어라

我有功於人은 不可念이나 而過則不可不念이요
아 유 공 어 인   불 가 념   이 과 즉 불 가 불 념

人有恩於我는 不可忘이나 而怨則不可不忘이니라
인 유 은 어 아   불 가 망   이 원 즉 불 가 불 망

내가 다른 사람에게 베푼 은혜는 마음에 새겨 두지 말고, 다른 사람
에게 잘못한 것은 새겨 두도록 하라. 다른 사람이 나에게 베푼 은혜
는 잊지 말고, 다른 사람에게 원망이 있으면 잊어버리도록 하라.

은혜를 베풀 때는 보답을 바라지 말라

施恩者가 內不見己하고 外不見人하면
시은자 내불현기   외불현인

則斗粟도 可當萬鍾之惠이니와
즉두속   가당만종지혜

利物者가 計己之施하고 責人之報하면
이물자   계기지시   책인지보

雖百鎰이라도 難成一文之功이니라
수백일   난성일문지공

은혜를 베푸는 사람이 자신이 한 일을 의식하지 않고 남에게도 생색을 내지 않으면, 이는 비록 한 말의 곡식이라도 가히 만 섬의 은혜를 베푼 것이 될 것이다. 그러나 남에게 이로움을 주는 사람이 자기의 베풂을 계산하고 상대방이 갚기를 바란다면, 비록 수천 냥의 큰 돈일지라도 한 푼어치의 공덕도 이루기 어려운 것이다.

세상살이는 마음가짐에 달렸다

人之際遇는 有齊有不齊어늘 而能使己獨齊乎아
인 지 제 우   유 제 유 부 제   이 능 사 기 독 제 호

己之情理는 有順有不順이어늘 而能使人皆順乎아
기 지 정 리   유 순 유 불 순   이 능 사 인 개 순 호

以此相觀對治하면 亦是一方便法門이니라
이 차 상 관 대 치   역 시 일 방 편 법 문

사람이 처하는 환경이란 만족스럽게 갖춰진 경우와 그렇지 않은 경우가 있게 마련인데 자기만 유독 다 갖출 수 있겠는가? 자기의 감정도 이치에 순응하는 경우와 그렇지 않은 경우가 있게 마련인데 남들이 모두 이치에 순응하기만을 바랄 수 있겠는가? 이같이 자신과 남을 견주어 가면서 자신을 다스려 나간다면 이것도 세상을 살아가는 한 방편이 될 것이다.

마음이 깨끗할 때라야 배운 것을 올바르게 쓴다

心地乾淨이라야 方可讀書學古니라
심 지 건 정   방 가 독 서 학 고

不然이면 見一善行에 竊以濟私하고 聞一善言에 假以覆短하리니
불 연   견 일 선 행   절 이 제 사   문 일 선 언   가 이 부 단

是又藉寇兵而齎盜糧矣니라
시 우 자 구 병 이 재 도 량 의

마음을 맑고 깨끗이 한 다음에야 비로소 글을 읽어 옛 성현의 훌륭한
언행을 배울 수 있다. 마음이 깨끗하지 않으면 훌륭한 행동을 보아도
훔쳐다가 자신의 사욕을 채울 줄만 알고, 좋은 말씀을 들어도 그것을
빌어다가 자신의 결점을 감싸는 데 쓸 줄만 아니, 이는 곧 침략자에
게 무기를 빌려주고, 도둑에게 양식을 갖다 주는 일이 아니겠는가!

해설

마음이 맑은 사람은 글을 바르게 읽어 옛날의 도리를 알게 되고, 마음이 깨끗하지 못
한 사람은 배운 것을 악용하여 옳지 않은 행동을 조장한다. 착한 사람이 학문에 종사
하면 그 배운 것으로 사회에 기여하게 되지만, 나쁜 사람이 학문을 하면 도리어 사회
에 해독을 끼치게 되는 것이다.

부유하면서 불만족하는 것보다 가난하면서 여유 있는 것이 낫다

奢者는 富而不足이니 何如儉者의 貧而有餘요
사 자　부 이 부 족　　 하 여 검 자　 빈 이 유 여

能者는 勞而府怨이니 何如拙者의 逸而全眞이리요
능 자　노 이 부 원　　 하 여 졸 자　 일 이 전 진

사치스러운 사람은 부유하면서도 만족을 느끼지 못하니, 어찌 검소한 사람이 가난하면서도 여유가 있는 것과 같겠는가. 재능 있는 사람은 수고를 하면서도 남의 원망을 사니, 어찌 서툰 사람이 한가로이 살면서 천성을 지키는 것과 같겠는가.

배움은 행동으로 이어져야 한다

讀書에 不見聖賢이면 爲鉛槧傭이요
독서　불견성현　　위연참용

居官에 不愛子民이면 爲衣冠盜요
거관　불애자민　　위의관도

講學에 不尙躬行이면 爲口頭禪이요
강학　불상궁행　　위구두선

立業에 不思種德이면 爲眼前花니라
입업　불사종덕　　위안전화

책을 읽으면서도 그 속의 성현을 보지 못한다면 그는 글자나 베껴 쓰
는 필생에 지나지 않고, 벼슬자리에 있으면서도 백성을 자식처럼 돌
보지 못한다면 의관을 갖춘 도둑에 지나지 않는다. 학문을 가르치면
서도 몸소 실천할 의지가 없다면 공염불이 될 것이고, 업적을 세우고
도 덕을 심을 줄 모른다면 눈앞에 잠시 피었다 지는 꽃에 불과한 것
이다.

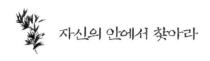

자신의 안에서 찾아라

人心에 有一部眞文章이로되 都被殘編斷簡封錮了하며
인 심   유 일 부 진 문 장   도 피 잔 편 단 간 봉 고 료

有一部眞鼓吹로되 都被妖歌艶舞湮沒了하나니
유 일 부 진 고 취   도 피 요 가 염 무 인 몰 료

學者는 須掃除外物하고 直覓本來라야 纔有個眞受用이니라
학 자   수 소 제 외 물   직 멱 본 래   재 유 개 진 수 용

사람의 마음속에는 하나의 참된 문장이 있는데도 옛사람들이 남겨
놓은 몇 마디 기록 때문에 모두가 묻혀 있게 된다. 사람의 마음속에
는 한 가닥의 참된 풍류가 있지만 요염한 노래와 춤 때문에 모두가
막혀 있게 된다. 그러므로 학문하는 사람은 모름지기 외부의 사물을
쓸어 없애고 본래 있는 그 마음을 찾아야만 참다운 보람을 얻게 될
것이다.

해설

사람은 마음은 진선미眞善美라는 온갖 가치의 온상이요, 모든 가능성의 맹아를 볼
수 있는 터전이다. 참된 예술은 인위적으로 꾸미고 가다듬어서 요염하게 해놓은
노래나 춤 속에 미적 가치가 있는 것이 아니며, 옛사람이 남겨놓은 몇몇 책이나
기록이 참다운 진리를 담고 있는 것이 아니다. 그러므로 자기의 마음속에서 진실
무위한 참다운 진리를 체득할 것이며, 마음속에서 자연히 유도되는 참다운 노래
와 춤을 배우도록 해야 할 것이다. 남의 글이나 노래를 앵무새처럼 흉내내기보다
는 마음속에서 샘솟고 피어나는 참다운 진리와 예술을 직관하며 체험적으로 탐구
해야 한다.

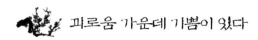 괴로움 가운데 기쁨이 있다

苦心中에 常得悅心之趣하고 得意時에 便生失意之悲니라
고 심 중   상 득 열 심 지 취   득 의 시   변 생 실 의 지 비

괴롭고 힘들 때에 오히려 마음을 기쁘게 하는 뜻을 얻고, 일을 이룬 때에 문득 실의의 슬픔이 생겨난다.

해설

괴로움 속에서도 기쁨을 느낄 수 있고 성공하여 신이 날 때에도 슬픔을 맛볼 수 있는 것이 인생이다. 행복과 슬픔은 모두 마음먹기에 달려 있기 때문이다. 그러므로 어려움 속에서도 희망과 용기를 잃지 말아야 하고, 성공했을 때에도 뜻하지 않은 실패에 대비하는 마음의 준비가 있어야 한다.

권력으로 얻은 부귀영화는 오래가지 못한다

富貴名譽의 自道德來者는 如山林中花하여 自是舒徐繁衍하고
부귀명예 자도덕래자 여산림중화   자시서서번연

自功業來者는 如盆檻中花하여 便有遷徙廢興이니라
자공업래자   여분함중화   변유천사폐흥

若以權力得者는 如瓶鉢中花하여 其根不植이니
약이권력득자   여병발중화   기근불식

其萎를 可立而待矣니라
기위 가립이대의

부귀와 명예가 도덕으로부터 온 것이면 마치 숲 속의 꽃과 같이 스스로 무럭무럭 잘 자라고, 공로를 이룬 것으로부터 온 것이면 마치 화분 속에서 자란 꽃이 이리저리 옮겨지기도 하는 것처럼 흥망이 있게 된다. 만일 그것이 권력으로부터 얻어진 것이라면 꽃병 속의 꽃과 같아서 뿌리가 없으므로, 그 시들어가는 모습을 선 자리에서 기다려 지켜볼 수 있을 것이다.

소명을 다하지 않는 삶은 의미 없는 삶이다

春至時和하면 花尙鋪一段好色하고 鳥且囀幾句好音하나니
춘 지 시 화   화 상 포 일 단 호 색   조 차 전 기 구 호 음

士君子가 幸列頭角하고 復遇溫飽하되 不思立好言行好事면
사 군 자   행 렬 두 각   부 우 온 포   불 사 입 호 언 행 호 사

雖是在世百年이라도 恰似未生一日이니라
수 시 재 세 백 년   흡 사 미 생 일 일

봄이 되어 날이 화창하면 꽃들도 한결 빛을 땅에 깔고 새들도 또한
아름답게 지저귄다. 선비가 다행히 세상에 두각을 나타내어 편안하
게 지내면서도 좋은 말과 좋은 일 하기를 힘쓰지 않는다면 비록 이
세상에서 백 년을 산다 해도 하루도 살지 않음과 같다.

사람에게는 청렴과 더불어
따스한 마음이 있어야 한다

學者는 要有段兢業的心思하되 又要有段瀟灑的趣味니라
학자　요유단긍업적심사　　우요유단소쇄적취미

若一味斂束淸苦하면 是는 有秋殺無春生이니 何以發育萬物이리요
약일미렴속청고　　　시　유추살무춘생　　하이발육만물

학문을 하는 사람은 조심스럽게 행동하고 삼가는 마음을 가지는 한편 시원스러운 멋도 지녀야 한다. 만일 외곬으로 졸라매어 지나치게 결백하기만 하다면, 이는 쌀쌀한 가을의 살벌한 기운만 있고 따스한 봄의 생기가 없음과 같으니 무엇으로 만물을 자라게 할 수 있겠는가?

진정한 청렴은 청렴한 줄도 모른다

眞廉은 無廉名이니 立名者는 正所以爲貪이요
진렴　무염명　　입명자　정소이위탐

大巧는 無巧術이니 用術者는 乃所以爲拙이니라
대교　무교술　　용술자　내소이위졸

참다운 청렴은 청렴이라는 이름조차 없으니 청렴하다는 이름을 드러
내는 것은 바로 탐욕이 있기 때문이다. 참으로 뛰어난 재주에는 교묘
한 술책이 없으니 교묘한 술책을 부리는 사람은 곧 그 재주가 서툴기
때문이다.

군자는 완전함을 구하지 않는다

敧器는 以滿覆하고 撲滿은 以空全이니라
기기   이만복   박만   이공전

故로 君子는 寧居無이언정 不居有하며 寧處缺이언정 不處完하니라
고   군자   영거무   불거유   영처결   불처완

기울어진 그릇은 가득 차면 엎질러지고 저금통은 비어 있어야 온전
할 수 있다. 그러므로 군자는 차라리 빈 상태에 있을지언정 욕망이
가득 찬 세계에 몸을 두지 않으며, 차라리 부족할지언정 완전무결함
을 구하지 않는다.

해설

기기敧器는 물을 가득 담으면 엎어지고, 반쯤 담으면 바로 서 있고, 물이 없으면
기울어진다고 전해지는 그릇이다. 이러한 성질 때문에 옛날 현명한 군주들이 매
사에 모자라거나 넘침이 없이 중용을 지키기 위해 항상 옆에 두고 경계로 삼았다
고 한다. 박만撲滿은 오늘날의 저금통과 같이 잔돈을 담아두는 일종의 질그릇으로
동전을 한 번 넣으면 다시 꺼낼 수 없게 되어 있어, 동전이 가득 찬 후에는 깨뜨려
서 꺼내야 한다. 그러한 까닭에 이 용기는 동전이 가득 차게 되면 곧 깨뜨려지게
되니, 비어 있을 때에만 온전하게 보존될 수 있다.

 온전히 없애라

名根未拔者는 縱輕千乘甘一瓢라도 總墮塵情하고
명 근 미 발 자 종 경 천 승 감 일 표 총 타 진 정

客氣未融者는 雖澤四海利萬世라도 終爲剩技니라
객 기 미 융 자 수 택 사 해 리 만 세 종 위 잉 기

명리를 탐하는 마음을 완전히 뿌리 뽑지 못한 사람은 설사 제후의 부
귀를 가벼이 알고 한 표주박의 음식을 달가워할지라도 사실은 세속의
욕망에 떨어진 것이요, 객기를 아직 없애지 못한 사람은 비록 천하에
은덕을 베풀고 만세에 이익을 끼칠지라도 결국 쓸모없는 재주에 그칠
뿐이다.

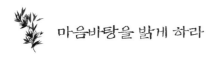

마음바탕을 밝게 하라

心體光明하면 暗室中에도 有靑天이요
심 체 광 명   암 실 중   유 청 천

念頭暗昧하면 白日下라도 生厲鬼니라
염 두 암 매   백 일 하   생 려 귀

마음의 본바탕이 밝으면 어두운 방안에서도 푸른 하늘이 있는 것 같
고, 마음속 생각이 어두우면 밝은 대낮에도 도깨비가 나타나리라.

해설

마음의 바탕이 광명정대하면 어두운 밤같이 아무리 혼란한 세상에 살지라도 그 공
정함이 푸른 하늘같이 흐리지 않으며, 마음속이 어두우면 비록 대명천지 밝은 날에
도 낮도깨비가 나타나듯이 온갖 망상과 사념이 끊이지 않는다. 그러므로 마음을 항
상 광명정대하게 가져 아무 사심도 깃들지 못하게 해야 한다는 것이다.

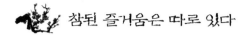 참된 즐거움은 따로 있다

人知名位爲樂하고 不知無名無位之樂이 爲最眞하며
인 지 명 위 위 락　　부 지 무 명 무 위 지 락　　위 최 진

人知饑寒爲憂하고 不知不饑不寒之憂가 爲更甚하니라
인 지 기 한 위 우　　부 지 불 기 불 한 지 우　　위 경 심

사람들은 명성과 지위가 즐거운 것인 줄은 알지만, 명성도 없고 지위
도 없는 것이 참된 즐거움인 줄은 알지 못한다. 사람들은 굶주리고
추위에 떠는 것이 근심인 줄은 알면서도, 굶주리지 않고 춥지도 않은
것이 더욱 큰 근심인 줄은 깨닫지 못한다.

해설

사람들은 명예와 지위를 추구하며 이를 얻는 것을 큰 즐거움으로 여긴다. 그러나 '벼
슬길의 풍파宦海風波'라는 말이 있듯이 명예와 지위의 이면에는 무한한 고난이 따르
고, 아침에 저녁의 재앙을 예측할 수 없다. 명예나 지위 등에 관심이 없는 사람은 늘
마음이 편하며, 자연을 즐기면서 유유자적할 수 있으니 참 즐거움은 그 속에 있다.
또한 사람의 욕심은 끝이 없으니 돈이 많은 사람은 더 많은 돈을 벌기 위하여 고심
참담苦心慘憺하므로, 그 근심이 굶주리고 헐벗는 자에 비할 바가 아니다.

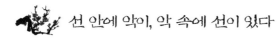 ## 선 안에 악이, 악 속에 선이 있다

爲惡而畏人知는 惡中猶有善路요
위 악 이 외 인 지   악 중 유 유 선 로

爲善而急人知는 善處卽是惡根이니라
위 선 이 급 인 지   선 처 즉 시 악 근

악을 행하면서도 남들이 알까 두려워하는 것은 그 악함 속에도 선한 마음이 남아 있음이요, 선을 행하면서 남들이 빨리 알아주기를 바라는 것은 그 선함 속에도 곧 악의 뿌리가 있는 것이다.

하늘도 군자는 마음대로 못한다

天地機緘은 不測하여 抑而伸하고 伸而抑하나니
천 지 기 함　불 측　　억 이 신　　신 이 억

皆是播弄英雄하고 顚倒豪傑處니라
개 시 파 롱 영 웅　　전 도 호 걸 처

君子는 只是逆來順受하고 居安思危하여 天亦無所用其伎倆矣니라
군 자　지 시 역 래 순 수　　거 안 사 위　　천 역 무 소 용 기 기 량 의

천지 기운의 변화는 헤아릴 수 없다. 억눌러 곤궁하게 했다가도 펼쳐
서 영달하게 하기도 하고, 영달하게 했다가도 억눌러 곤궁하게 하니,
이는 모두 영웅호걸을 손에 넣고 마음대로 주무르는 것이다. 그러나
군자는 역경에 처해 있어도 그것을 순리로 받아들이고 편안한 곳에
있어도 위태로움을 생각하니, 이러한 까닭에 하늘도 군자를 마음대
로 못하는 것이다.

큰 공적을 이루지 못할 사람

燥性者는 火熾하여 遇物則焚하고
조 성 자　화 치　　우 물 즉 분

寡恩者는 氷淸하여 逢物必殺하며
과 은 자　빙 청　　봉 물 필 살

凝滯固執者는 如死水腐木하여 生機已絶하니
응 체 고 집 자　　여 사 수 부 목　　생 기 이 절

俱難建功業而延福祉니라
구 난 건 공 업 이 연 복 지

성질이 조급한 사람은 타오르는 불길 같아서 만나는 대로 태워 버리고, 인정이 메마른 사람은 얼음장같이 매몰차서 닥치는 대로 얼려서 해치며, 융통성이 없고 고집이 센 사람은 고여 있는 물이나 썩은 나무와 같아 생기가 없으니, 이러한 사람들은 모두 큰 공적을 이루기도, 오래도록 복을 누리기도 어렵다.

즐거운 마음을 길러 복을 불러라

福不可徼니 養喜神하여 以爲召福之本而已요
복불가요 양희신 이위소복지본이이

禍不可避니 去殺機하여 以爲遠禍之方而已니라
화불가피 거살기 이위원화지방이이

복은 구한다고 마음대로 받을 수 없는 것이니 즐거운 마음을 길러
복을 불러들이는 근본으로 삼아야 하고, 재앙은 마음대로 피하지 못
하는 법이니 남을 해치려는 마음을 버려 재앙을 멀리하는 방법으로
삼아야 한다.

군중은 아홉 번 잘하기보다
한 번 실수함을 기억한다

十語九中이라도 未必稱奇나 一語不中이면 則愆尤騈集하고
십 어 구 중   미 필 칭 기   일 어 부 중   즉 건 우 병 집

十謀九成이라도 未必歸功이나 一謀不成이면 則訾議叢興하나니
십 모 구 성   미 필 귀 공   일 모 불 성   즉 자 의 총 흥

君子는 所以寧黙毋躁요 寧拙毋巧니라
군 자   소 이 영 묵 무 조   영 졸 무 교

열 마디의 말 가운데 아홉 마디가 맞더라도 경이롭다고 칭찬해 주지
는 않으나 한 마디 말이 어긋나면 곧바로 온갖 비방과 책망이 한꺼번
에 몰려든다. 열 가지 계책 중에 아홉 개가 성공하더라도 반드시 공
로를 인정해 주지는 않으나 한 가지 계책이 성공하지 못하면 곧바로
온갖 헐뜯음과 비난이 떼 지어 일어난다. 그러므로 군자는 차라리 침
묵할지언정 시끄럽게 떠들어 대지 않고, 차라리 우둔할지언정 자신
의 재주를 보이지 않는다.

성품에 따라 복을 받는다

天地之氣는 暖則生하고 寒則殺이라
천 지 지 기　　난 즉 생　　　한 즉 살

故로 性氣淸冷者는 受享亦凉薄하나니
고　　성 기 청 랭 자　　수 향 역 량 박

唯和氣熱心之人이라야 其福亦厚하고 其澤亦長하니라
유 화 기 열 심 지 인　　　기 복 역 후　　　기 택 역 장

천지의 기운이 운행함에, 따뜻한 절기는 만물을 소생하게 하고, 차가운 절기는 만물의 생기를 앗아가 버린다. 사람도 이와 같은 까닭에, 냉정한 성품과 차디찬 기질을 지닌 사람은 그에 따라 누리는 복도 박하고, 온화한 기운과 따뜻한 마음을 지닌 사람은 그에 따라 복도 두텁고 오래간다.

욕망을 좇음은 곧 가시밭길을 걷게 됨이다

天理路上은 甚寬하여 稍游心이라도 胸中이 便覺廣大宏朗하고
천리노상　　심관　　　초유심　　　　흉중　　변각광대굉랑

人欲路上은 甚窄하여 纔寄迹이라도 眼前이 俱是荊棘泥塗니라
인욕노상　　심착　　　재기적　　　　안전　　구시형극니도

하늘의 도리에 이르는 길은 매우 넓어서 조금이라도 여기에 마음을
두면 가슴속이 탁 트이고 상쾌해짐을 느끼게 된다. 사람의 욕망을 좇
는 길은 매우 좁아서 조금이라도 여기에 발을 붙이면 눈앞이 모두 가
시밭과 진흙탕으로 뒤덮이게 된다.

괴로움과 즐거움을 고루 겪은 뒤에
진정한 행복이 온다

一苦一樂을 相磨練하여 練極而成福者는 其福이 始久하고
일고일락　　상마련　　　연극이성복자　　기복　　시구

一疑一信을 相參勘하여 勘極而成知者는 其知가 始眞하니라
일의일신　　상참감　　　감극이성지자　　기지　　시진

괴로움과 즐거움을 고루 겪은 뒤에 얻은 행복이라야 오래 가고, 의
문과 믿음을 고루 겪은 뒤에 얻은 지식이라야 비로소 참된 지식이
된다.

비워야 할 마음과 채워야 할 마음이 있다

心不可不虛니 虛則義理來居하고
심 불 가 불 허   허 즉 의 리 래 거

心不可不實이니 實則物欲不入이니라
심 불 가 불 실   실 즉 물 욕 불 입

마음은 항상 비어 있지 않으면 안 되나니 마음이 비어 있으면 정의와
진리가 들어와서 살 것이요, 마음은 차지 않으면 안 되나니 마음이
차 있으면 물욕이 들어오지 못한다.

해설

이 구절에서의 허虛는 마음이 외부의 유혹 등에서 자유로움을 가리키며, 실實은 마음이 근본적으로 가지는 것, 즉 자기 자신의 노력으로 인생을 헤쳐 나가는 힘을 최고로 발휘하는 상태를 말한다. '마음을 비우라'와 '마음을 채우라'는 것은 모순된 주문같지만 편견과 독선 따위의 마음은 비우되, 사회에 대한 정의감, 진리에 대한 탐구성 등은 언제나 마음밭에 새겨 두고 정진하라는 뜻이라면 이해가 갈 것이다.

물이 너무 맑으면 고기가 살지 않는다

地之穢者는 多生物하고 水之淸者는 常無魚니라
지 지 예 자   다 생 물   수 지 청 자   상 무 어

故로 君子는 當存含垢納汚之量하고 不可持好潔獨行之操니라
고   군 자   당 존 함 구 납 오 지 량   불 가 지 호 결 독 행 지 조

더러운 땅에서는 초목이 무성하지만 지나치게 맑은 물에서는 고기가
살 수 없다. 그러므로 군자는 마땅히 때 묻고 더러운 것도 받아들이
는 아량을 가져야 하되, 깨끗한 것을 좋아하고 독단적으로 행하려는
마음을 가져서는 안 된다.

해설

더러운 거름은 땅 위에서 초목을 무성하게 자라게 하지만, 너무 맑은 물에서는 고기
가 살지 못한다. 그러므로 군자는 때 묻고 더러운 것을 받아들이는 도량을 가져야 할
것이요, 너무 결백하여 세속 밖으로 초월하는 절조를 가져서는 안 된다.

마음에 걱정이 없으면 발전도 없다

泛駕之馬도 可就驅馳요 躍冶之金도 終歸型範이니
봉 가 지 마　　가 취 구 치　　약 야 지 금　　종 귀 형 범

只一優游不振이면 便終身無個進步니라
지 일 우 유 부 진　　　　변 종 신 무 개 진 보

白沙 云하되 爲人多病未足羞나 一生無病是吾憂라 하니
백 사 　운　　위 인 다 병 미 족 수　　일 생 무 병 시 오 우

眞確論也로다
진 확 론 야

수레를 뒤엎는 사나운 말도 길들이면 부릴 수 있고 다루기 힘든 쇠도
잘 다루면 마침내 좋은 기물을 만들 수 있으니 사람이 태평하고 한가
롭게 놀기만 하면서 분발하지 않으면 평생을 두고 아무런 진보도 없
다. 백사가 이르기를 "사람으로 태어나 병病 많음이 부끄러움이 아니
라 일생 동안 마음의 걱정 없음이 근심이다"라고 하였으니 참으로 올
바른 말이다.

작은 탐욕이 평생의 공을 무너뜨린다

人只一念貪私하면 便銷剛爲柔하고 塞智爲昏하며
인 지 일 념 탐 사　　변 소 강 위 유　　색 지 위 혼

變恩爲慘하고 染潔爲汚하여 壞了一生人品하나니
변 은 위 참　　염 결 위 오　　괴 료 일 생 인 품

故로 古人은 以不貪爲寶하니 所以度越一世니라
고　　고 인　　이 불 탐 위 보　　소 이 도 월 일 세

사람이 한번 사리사욕을 채우려는 마음을 품게 되면 의연한 기상은
녹아 나약해지고, 슬기로움은 막혀 어리석게 되며, 너그러운 마음은
혹독해지고, 깨끗함은 물들어 더러워지니 평생의 인품을 허물어뜨리
는 것이다. 그러므로 옛사람들은 탐욕을 멀리함을 보배로 삼았으니
이것이 바로 세상을 초월하는 방도인 것이다.

본 마음이 맑으면 어떤 욕망에도 미혹되지 않는다

耳目見聞은 爲外賊이요 情欲意識은 爲內賊이니
이목견문　위외적　　정욕의식　위내적

只是主人翁이 惺惺不昧하여 獨坐中堂하면
지시주인옹　성성불매　　독좌중당

賊便化爲家人矣니라
적변화위가인의

귀로 듣고 눈으로 보아서 생기는 욕망은 밖에서 침입해 온 적이요,
마음에 갖고 있는 욕망과 의식들은 내부에서 생겨난 적이다. 그러나
주인인 본마음이 맑게 깨어 있어 다른 사물에 미혹되지 않고 중심에
확고히 자리잡고 있으면 마음 안팎의 적들이 모두 감화되어 한 가족
이 된다.

지나간 허물을 뉘우침보다
앞으로의 잘못을 없게 하라

圖未就之功은 不如保已成之業이요
도 미 취 지 공   불 여 보 이 성 지 업

悔旣往之失은 不如防將來之非니라
회 기 왕 지 실   불 여 방 장 래 지 비

아직 이루지 못한 공을 도모하는 것은 이미 이루어 놓은 업을 보전함
만 같지 못하고, 지나간 허물을 뉘우치는 것은 앞으로 다가올 잘못을
막음만 같지 못하다.

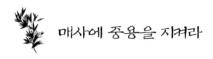

매사에 중용을 지켜라

氣象은 要高曠이나 而不可疎狂하고
기상　요고광　　이불가소광

心思는 要縝密이로되 而不可瑣屑하며
심사　요진밀　　이불가쇄설

趣味는 要冲淡이나 而不可偏枯하고
취미　요충담　　이불가편고

操守는 要嚴明이로되 而不可激烈이니라
조수　요엄명　　이불가격렬

사람의 기상은 높고 넓어야 하나 세상과 너무 동떨어져 어둡고 거칠
어서는 안 되고, 마음은 치밀해야 하나 조잡해서는 안 되며, 취미는
담박해야 하나 너무 메말라서는 안 되고, 지조를 지킬 때는 엄정해야
하나 과격해서는 안 된다.

군자는 일을 맺고 나면 마음을 비운다

風來疎竹에 風過而竹不留聲하고
풍 래 소 죽   풍 과 이 죽 불 류 성

雁度寒潭에 雁去而潭不留影이니라
안 도 한 담   안 거 이 담 불 류 영

故로 君子는 事來而心始現하고 事去而心隨空이니라
고   군 자   사 래 이 심 시 현   사 거 이 심 수 공

바람이 성긴 대숲에 불어 왔다가 지나간 뒤에 대나무는 소리를 남겨
두지 않고, 기러기가 차가운 연못 위로 날아 지나간 뒤에 연못은 그
림자를 남겨두지 않는다. 그러므로 군자는 일이 생기면 마음이 비로
소 드러나 움직이고, 일을 맺고 나면 마음도 따라서 비운다.

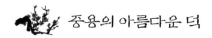 중용의 아름다운 덕

淸能有容하고 仁能善斷하며 明不傷察하고 直不過矯하면
청 능 유 용　　인 능 선 단　　명 불 상 찰　　직 불 과 교

是謂蜜餞不甛이요 海味不鹹이니 纔是懿德이니라
시 위 밀 전 불 첨　　해 미 불 함　　재 시 의 덕

청렴하면서도 포용력이 있고, 어질면서도 결단력이 있으며, 총명하면서도 남의 과오를 지나치게 들추어 내지 않고, 곧으면서도 너무 바른 데 치우치지 않는다면, 이는 마치 꿀 바른 음식이 달지 않고 해산물이면서도 짜지 않은 것이니 그야말로 아름다운 덕인 것이다.

한때의 어려움 앞에서도 스스로를 놓지 말라

貧家도 淨拂地하고 貧女도 淨梳頭하면
빈가   정불지   빈녀   정소두

景色은 雖不艶麗나 氣度는 自是風雅니라
경색   수불염려   기도   자시풍아

士君子가 一當窮愁寥落이언정 奈何輒自廢弛裁리오
사군자   일당궁수요락   내하첩자폐이재

가난한 집안도 청결하게 쓸고, 가난한 집 여인도 단정하게 머리를 빗
으면 모습이 비록 화려하지는 않더라도 기품과 멋이 저절로 배어나
리라. 그러므로 선비가 한때 곤궁함과 적막함을 당했다고 해서 어찌
스스로를 버리며 게을리하랴.

평소에 삶의 기반을 닦아라

閒中에 不放過면 忙處에 有受用하고
한 중   불 방 과   망 처   유 수 용

靜中에 不落空이면 動處에 有受用하며
정 중   불 락 공   동 처   유 수 용

暗中에 不欺隱이면 明處에 有受用이니라
암 중   불 기 은   명 처   유 수 용

한가한 중에도 시간을 헛되이 보내지 않으면 바쁠 때 도움이 되고,
고요한 중에도 마음을 허공에 두지 않으면 활동할 때 도움이 되며,
어둠 속에서도 숨기지 않으면 밝은 곳에서 쓸모가 있게 된다.

해설

사람은 평소에 앞날을 준비하고 있어야 한다. 한가한 때 미리 준비해 두면 급한 일을
당해도 당황하지 않고. 조용할 때 부지런히 실력을 길러두면 활동할 때 도움이 된다.
또 남이 보지 않을 때도 바르게 살면 남들에게 신임을 얻게 된다.

깨달음은 행동으로 옮겨라

念頭起處에 纔覺向欲路上去면 便挽從理路上來하라
염두기처   재각향욕로상거   변만종이로상래

一起便覺하고 一覺便轉이니
일기변각   일각변전

此是轉禍爲福하고 起死回生的關頭니 切莫輕易放過니라
차시전화위복   기사회생적관두   절막경이방과

문득 생각이 사욕私慾의 길로 향한다고 깨닫게 될 때는 즉시 도리의
길로 좇아가도록 결심할 것이니, 어떤 생각이 일어날 때는 곧 깨닫고
한번 깨달으면 즉시 돌려야 한다. 이것이 곧 재앙을 돌려서 복으로
살고, 죽음에서 일어나 삶으로 돌이키는 관건이니 진실로 가벼이 버
려서는 안 된다.

마음을 살피고 도를 깨닫는 세 가지

靜中에 念慮澄徹이면 見心之眞體하고
정 중 염 려 징 철 견 심 지 진 체

閒中에 氣象從容이면 識心之眞機하며
한 중 기 상 종 용 식 심 지 진 기

淡中에 意趣冲夷면 得心之眞味하니
담 중 의 취 충 이 득 심 지 진 미

觀心證道는 無如此三者니라
관 심 증 도 무 여 차 삼 자

고요할 때 생각이 맑고 깨끗하면 마음의 참모습을 보게 되고, 한가로울 때 기상이 차분하면 마음의 참된 기틀을 알게 되며, 담담할 때 정취가 담박하고 평온하면 마음의 참맛을 얻게 된다. 마음을 살피고 도를 깨닫는 데 있어 이 세 가지보다 나은 것은 없다.

괴로움 속에서 즐거움을 찾으라

靜中靜은 非眞靜이니 動處에 靜得來라야 纔是性天之眞境이요
정중정　비진정　　동처　정득래　　재시성천지진경

樂處樂은 非眞樂이니 苦中에 樂得來라야 纔見心體之眞機니라
낙처락　비진락　　고중　낙득래　　재견심체지진기

고요함 속의 고요함은 참다운 고요함이 아니니, 분주함 속에서 고요함을 얻을 수 있어야만 비로소 본성의 참된 경지에 이르게 될 것이다. 즐거움 속에서의 즐거움은 참된 즐거움이 아니니, 괴로움 속에서 즐거움을 얻을 수 있어야만 비로소 마음의 참된 기틀을 볼 수 있는 것이다.

은덕을 베풂에 보답을 바라지 말라

舍己어든 毋處其疑하라 處其疑면 卽所舍之志多愧矣니라
사 기   무 처 기 의   처 기 의   즉 소 사 지 지 다 괴 의

施人이어든 毋責其報하라 責其報면 倂所施之心俱非矣니라
시 인   무 책 기 보   책 기 보   병 소 시 지 심 구 비 의

제 몸을 버리고 뜻있는 일을 했을 바에는 그 일에 의심을 품지 말라.
의심을 품는다면 자신을 버리고 나섰던 뜻에 부끄러움이 많아진다.
남에게 베풀었을 바에는 보답을 바라지 말라. 보답을 바란다면 베푼
바 그 마음도 아울러 모두 잘못된 것이 된다.

매사는 내가 하기에 달렸다

天이 薄我以福이어든 吾는 厚吾德以迓之하고
천   박아이복   오   후오덕이아지

天이 勞我以形이어든 吾는 逸吾心以補之하며
천   노아이형   오   일오심이보지

天이 阨我以遇어든 吾는 亨吾道以通之리니
천   액아이우   오   형오도이통지

天且我에 奈何哉리오
천차아   내하재

하늘이 나에게 복을 박하게 준다면 나는 내 덕을 후하게 해서 이를
맞이할 것이고, 하늘이 내 몸을 수고스럽게 한다면 나는 내 마음을
편안히 하여 이를 보충할 것이며, 하늘이 내 처지를 곤궁하게 한다면
나는 내 도를 깨쳐 이를 형통하게 할 것이다. 그러니 하늘인들 나를
어찌하겠는가!

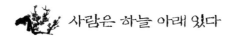 사람은 하늘 아래 있다

貞士는 無心徼福이라 天卽就無心處하여 牖其衷하고
정사　무심요복　　천즉취무심처　　유기충

憸人은 著意避禍라 天卽就著意中하여 奪其魄하나니
섬인　착의피화　　천즉취착의중　　탈기백

可見天之機權이 最神이니 人之智巧가 何益이리오
가견천지기권　　최신　　인지지교　　하익

지조가 굳은 선비는 복을 구하는 마음이 없으므로 하늘이 오히려 그
마음을 찾아가 복의 문을 열어주고, 간사한 사람은 재앙을 피하려고
애쓰나 하늘이 오히려 그 피하려는 마음에 재앙을 내려 넋을 빼앗는
다. 하늘의 권능이 이처럼 신묘한데 사람의 지혜와 잔꾀가 무슨 소용
이 있겠는가!

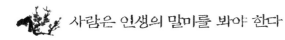 사람은 인생의 말미를 봐야 한다

聲妓도 晩景從良하면 一世之臙花無碍요
성 기 만 경 종 량   일 세 지 연 화 무 애

貞婦도 白頭失守하면 半生之淸苦俱非니라
정 부 백 두 실 수   반 생 지 청 고 구 비

語에 云하되 看人에 只看後半截하라 하니 眞名言也로다
어 운   간 인 지 간 후 반 절   진 명 언 야

기녀일지라도 늘그막에 한 남편을 섬긴다면 한평생의 분냄새가 허
물이 되지 않을 것이요, 정숙한 부인일지라도 머리가 하얗게 센 뒤에
정조를 잃는다면 반평생의 절개가 모두 헛된 일이 될 것이다. 옛 말
에 이르기를 "사람을 보려거든 생의 그 후반을 보라"고 했는데 이는
진실로 명언인 것이다.

정승과 거지가 따로 없다

平民도 肯種德施惠하면 便是無位的公相이요
평민　긍종덕시혜　　변시무위적공상

士夫도 徒貪權市寵하면 竟成有爵的乞人이니라
사부　도탐권시총　　경성유작적걸인

평민이라도 즐거운 마음으로 덕을 쌓고 은혜를 베풀면 곧 벼슬 없는
정승이요, 사대부라도 공연히 권세를 탐내고 총애를 구한다면 끝내
벼슬하는 거지가 될 뿐이다.

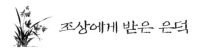 조상에게 받은 은덕

問祖宗之德澤하면 吾身所享者가 是니 當念其積累之難하고
문조종지덕택　　오신소향자　시　당념기적루지난

問子孫之福祉하면 吾身所貽者가 是니 要思其傾覆之易하라
문자손지복지　　오신소이자　시　요사기경복지이

무엇이 조상이 남긴 은덕인가? 내가 세상을 살며 누리는 모든 것이
다 그것이니, 은덕 쌓기의 어려움을 생각해야 한다.
무엇이 자손이 받을 복인가? 내가 세상을 살며 남기는 모든 것이 다
그것이니, 복 뒤엎이는 것의 쉬움을 생각해야 한다.

해설

우리가 지금 행복하게 살아가는 것은 오직 조상의 은덕 덕분이다. 그들이 수천 년 동
안 쌓아올린 역사와 전통과 문화와 풍습을 지키고 발전시키기까지 얼마나 많은 수
고가 따랐겠는가! 우리는 조상들의 노고에 감사해야 할 것이다. 또한 자손들의 행복
은 우리로부터 넘겨지는 것이다. 우리가 그 터전을 튼튼히 마련해 주지 않는다면 그
들의 행복은 기울어져 엎어지기 쉽다.

군자의 작은 잘못은 소인의 큰 잘못보다 크다

君子而詐善은 無異小人之肆惡이요
군 자 이 사 선　　무 이 소 인 지 사 악

君子而改節은 不及小人之自新이니라
군 자 이 개 절　　불 급 소 인 지 자 신

군자로서 위선을 행하는 것은 소인이 악을 거리낌없이 행함과 다를
바 없고, 군자로서 절개를 꺾는다면 소인이 스스로 제 잘못을 뉘우쳐
새로워지느니만 못하다.

가족의 잘못을 일깨우는 법

家人有過어든 不宜暴怒하고 不宜輕棄니라
가 인 유 과　　　불 의 폭 노　　　불 의 경 기

此事難言이어든 借他事隱諷之하며
차 사 난 언　　　차 타 사 은 풍 지

今日不悟어든 俟來日再警之하되
금 일 불 오　　　사 내 일 재 경 지

如春風解凍하고 如和氣消氷하면 纔是家庭的型範이니라
여 춘 풍 해 동　　　여 화 기 소 빙　　　재 시 가 정 적 형 범

집안 식구에게 잘못이 있거든 너무 거칠게 화를 내어서는 안 되며 가벼이 내버려 두어서도 안 된다. 그 일을 바로 말하기 어렵거든 다른 일을 비유하여 은근히 일깨워 주어야 하며, 오늘 깨닫지 못하거든 내일을 기다려 다시 깨우쳐 주되 마치 봄바람이 얼어붙은 것을 풀고, 따뜻한 기운이 얼음을 녹이듯 하라. 이것이 곧 가정을 다스리는 법도니라.

각 사람의 마음이 모여 세상 인심이 된다

此心이 常看得圓滿하면 天下는 自無缺陷之世界요
차 심　상 간 득 원 만　　천 하　자 무 결 함 지 세 계

此心이 常放得寬平하면 天下에 自無險側之人情이니라
차 심　상 방 득 관 평　　천 하　자 무 험 측 지 인 정

자신의 마음을 항상 원만하게 살필 수 있다면 세상은 한 점 결함 없
는 원만한 곳이 될 것이며, 자기 마음을 항상 관대하고 평온하게 할
수 있다면 세상에 저절로 사악한 인정이 없어질 것이다.

올곧은 사람은 미움받기 마련이다

澹泊之士는 必爲濃艶者所疑요 檢飭之人은 多爲放肆者所忌니
담박지사   필위농염자소의   검칙지인   다위방사자소기

君子處此에 固不可少變其操履하고 亦不可太露其鋒芒이니라
군자처차   고불가소변기조리   역불가태로기봉망

청렴하고 검소한 선비는 반드시 호화로운 것을 좋아하는 자의 의심
을 받게 되고, 엄격한 사람은 방종한 사람의 미움을 받게 마련이다.
군자는 이에 처하여도 그 지조를 조금이라도 바꾸지 말아야 하며, 또
그 주장을 너무 드러내지도 말아야 한다.

해설

호화로운 것을 좋아하는 사람은 청렴하고 검소한 선비를 이해하지 못하고, 행동이
방종한 사람은 몸가짐을 바르게 하는 엄격한 인사를 싫어한다. 이와 같은 이유에서
군자가 지조를 굽혀 그들에게 영합해서도 안 되고, 또 그들과 대립되는 모난 행동을
해서도 안 된다. 군자는 지조를 지키면서도 남을 포용하는 아량이 있어야 한다.

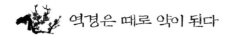 역경은 때로 약이 된다

居逆境中이면 周身이 皆鍼砭藥石이나 砥節礪行而不覺하고
거 역 경 중   주 신   개 침 폄 약 석   지 절 려 행 이 불 각

處順境內면 眼前이 盡兵刃戈矛나 銷膏靡骨而不知니라
처 순 경 내   안 전   진 병 인 과 모   소 고 마 골 이 부 지

역경 속에 있을 때에는 그 주위가 모두 침이 되고 약이 되어 절개와
행실을 갈고닦게 하는데 사람들이 이를 미처 깨닫지 못하고, 순조로
운 상황 속에 있을 때에는 눈앞에 있는 것이 모두 칼이 되고 창이 되
어 기름을 녹이고 뼈를 깎는데도 사람들이 이를 미처 깨닫지 못한다.

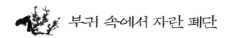# 부귀 속에서 자란 폐단

生長富貴叢中的은 嗜欲이 如猛火하고 權勢가 似烈焰이라
생 장 부 귀 총 중 적　　기 욕　　여 맹 화　　　권 세　　사 열 염

若不帶些淸冷氣味하면 其火焰이 不至焚人이나 必將自爍矣리라
약 부 대 사 청 랭 기 미　　　기 화 염　부 지 분 인　　　필 장 자 삭 의

부귀한 환경에서 성장한 사람은 욕심을 내는 것이 사나운 불길 같고
권세를 좋아함이 매서운 불꽃 같으니, 만일 이러한 사람이 조금이라
도 식히려는 기운을 지니지 않는다면 그 불길이 남을 태우는 데까지
는 이르지 않더라도 반드시 스스로를 태워 자멸하게 될 것이다.

진실된 마음을 잃지 말라

人心一眞은 便霜可飛하고 城可隕하며 金石可貫이나
인심일진   변상가비   성가운   금석가관

若僞妄之人은 形骸徒具나 眞宰已亡이라
약위망지인   형해도구   진재이망

對人則面目이 可憎하고 獨居則影形이 自媿니라
대인즉면목   가증   독거즉형영   자괴

사람의 마음이 진실하면 오뉴월에도 서리를 내릴 수 있고, 견고한 성
곽도 무너뜨릴 수 있으며 단단한 쇠와 돌도 뚫을 수 있다. 그러나 거
짓된 사람은 한낱 사람의 탈만 갖추었을 뿐 참모습은 이미 사라져,
사람을 대하고 있는 그 모습은 참으로 가증스럽고, 혼자 있을 때는
자신의 그림자를 마주한 채 부끄러움을 느낀다.

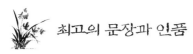 ## 최고의 문장과 인품

文章이 做到極處는 無有他奇요 只是恰好하며
문장　주도극처　무유타기　지시흡호

人品이 做到極處는 無有他異요 只是本然이니라
인품　주도극처　무유타이　지시본연

지극한 경지에 이른 문장은 남다른 기교가 있는 것이 아니라 그저 쓰고자 하는 내용에 꼭 알맞게 할 뿐이며, 지극한 경지에 이른 인품은 남다른 특이함이 있는 것이 아니라 다만 인간 본연의 모습 그대로일 뿐이다.

세상의 진리를 알면 얽매임에서 벗어난다

以幻迹言하면 無論功名富貴하고 卽肢體도 亦屬委形이요
이 환 적 언　　무 론 공 명 부 귀　　즉 지 체　　역 속 위 형

以眞境言하면 無論父母兄弟하고 卽萬物이 皆吾一體니
이 진 경 언　　무 론 부 모 형 제　　즉 만 물　　개 오 일 체

人能看得破하고 認得眞이면
인 능 간 득 파　　인 득 진

纔可任天下之負擔하고 亦可脫世間之韁鎖니라
재 가 임 천 하 지 부 담　　　역 가 탈 세 간 지 강 쇄

이 세상 모든 것을 허상으로 본다면 부귀공명은 말할 것도 없고 자신의 신체조차도 빌려서 가진 형체이며, 이 세상 모든 것을 참된 경지로 본다면 부모형제는 물론이고 천지 만물이 모두 나와 한 몸이다. 능히 이것을 간파하고 이런 진리를 인식한 사람이라야 비로소 천하 대사를 맡을 수 있고, 또한 세상의 얽매임에서 벗어날 수 있다.

즐거움은 절반쯤에서 그쳐라

爽口之味는 皆爛腸腐骨之藥이니 五分이면 便無殃이요
상 구 지 미　　개 란 장 부 골 지 약　　　오 분　　　　변 무 앙

快心之事는 悉敗身喪德之媒니 五分이면 便無悔니라
쾌 심 지 사　　실 패 신 상 덕 지 매　　오 분　　　　변 무 회

입을 즐겁게 하는 음식은 모두가 장을 상하게 하고 뼈를 썩게 하는
독약과 같으니, 많이 먹지 말고 절반쯤에서 그쳐야 화를 면한다. 마음
을 즐겁게 하는 쾌락은 모두가 몸을 망치고 덕을 잃게 하는 매개물이
니, 깊이 탐닉하지 말고 절반쯤에서 그쳐야 후회가 없을 것이다.

덕을 기르는 세 가지 방법

不責人小過하고 不發人陰私하며 不念人舊惡하라
불 책 인 소 과　　　　불 발 인 음 사　　　불 염 인 구 악

三者는 可以養德하고 亦可以遠害니라
삼 자　　가 이 양 덕　　　역 가 이 원 해

남의 작은 과오는 꾸짖지 말고, 남의 사사로운 비밀은 들추어내지 말
며, 남의 지난 허물은 마음에 새겨 두지 말라. 이 세 가지로 능히 덕을
기를 수 있고 또한 해악을 멀리할 수 있는 것이다.

선비의 몸가짐과 마음가짐

士君子는 持身을 不可輕이니 輕則物能撓我하여 而無悠閒鎭定之趣요
사군자　지신　불가경　경즉물능요아　　이무유한진정지취

用意를 不可重이니 重則我爲物泥하여 而無蕭灑活潑之機니라
용의　불가중　중즉아위물니　　이무소쇄활발지기

선비는 몸가짐을 가볍게 해서는 안 되나니 너무 가벼우면 사물에 휘
말리어 느긋하고 침착한 맛이 없어지며, 마음 씀씀이를 무겁게 해서
는 안 되나니 너무 무거우면 사물에 얽매여 산뜻하고 활발한 기상이
없어지게 된다.

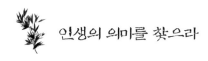

인생의 의미를 찾으라

天地는 有萬古이나 此身은 不再得이요
천지　유만고　　차신　부재득

人生은 只百年이나 此日은 最易過니라
인생　지백년　　차일　최이과

幸生其間者는 不可不知有生之樂하고 亦不可不懷虛生之憂니라
행생기간자　불가부지유생지락　　역불가불회허생지우

하늘과 땅은 영원히 있으나 이 몸은 두 번 얻지 못하며, 인생은 백 년에 불과한데 하루는 쉬이 가버린다. 다행히 그 사이에 태어난 사람으로서 삶의 즐거움을 누리지 못해서도 안 되고, 또 헛되이 살지 않을까 근심하지 않아서도 안 된다.

은혜와 원한을 모두 감추라

怨因德彰이라 故로 使人德我로는 不若德怨之兩忘이요
원인덕창　　고　사인덕아　　불약덕원지양망

仇因恩立이라 故로 使人知恩으로는 不若恩仇之俱泯이니라
구인은립　　고　사인지은　　　불약은구지구민

원한은 덕으로 인해 나타나는 것이니, 남이 나를 덕 있는 것으로 여기게 하기보다는 덕과 원한을 모두 잊어버리게 하는 것이 나으며, 원수는 은혜로부터 생겨나는 것이니, 남이 나의 은혜를 알게 하기보다는 은혜와 원수를 함께 없애는 것이 낫다.

 ## 흥성한 때에 조심하라

老來疾病은 都是壯時招的이요 衰後罪孽은 都是盛時作的이니
노래질병　　도시장시초적　　쇠후죄얼　　도시성시작적

故로 持盈履滿을 君子尤兢兢焉이니라
고　지영리만　군자우긍긍언

늙어서 생기는 질병은 모두 젊었을 때 불러들인 것이요, 쇠퇴한 뒤의 재앙은 모두 흥성할 때에 지은 것이다. 그러므로 군자는 젊고 흥성한 때에 더욱 조심하는 것이다.

좀더 바른 행동

市私恩은 不如扶公議요 結新知는 不如敦舊好요
시사은　　불여부공의　　결신지　　불여돈구호

立榮名은 不如種隱德이요 尙奇節은 不如謹庸行이니라
입영명　　불여종은덕　　　상기절　　불여근용행

사사로운 은혜를 남에게 베푸는 것보다 공의를 지키는 것이 낫고, 새
로운 친구를 사귀는 것보다 옛 친구와 우정을 돈독히 하는 것이 나으
며, 명성을 세우는 것보다 숨은 공덕을 쌓는 것이 낫고, 지조와 절개
를 숭상하는 것보다 평상시의 행동을 삼가는 것이 낫다.

권세에 발을 들여놓지 말라

公平正論은 不可犯手니 一犯則貽羞萬世하고
공평정론　　불가범수　　일범즉이수만세

權門私竇는 不可著脚이니 一著則點汚終身이니라
권문사두　　불가착각　　일착즉점오종신

공평한 정론에는 반대하지 말라. 한번 범하면 부끄러움을 만세에 남길 것이다. 권세와 사리私利에는 발을 들여놓지 말라. 한번 발을 붙이면 평생 동안 씻지 못하는 오명을 남기게 된다.

 ### 뜻을 굽히느니 미움을 받으라

曲意而使人喜는 不若直躬而使人忌요
곡의이사인희　　불약직궁이사인기

無善而致人譽는 不若無惡而致人毁니라
무선이치인예　　불약무악이치인훼

뜻을 굽혀서 남을 기쁘게 하는 것은 몸가짐을 바르게 하여 남의 미움을 받느니만 못하고, 좋은 일을 한 것도 없이 남의 칭찬을 받는 것은 나쁜 일을 저지르지 않고도 남의 비난을 받느니만 못한 것이다.

친구의 허물은 주저 없이 충고하라

處父兄骨肉之變에는 宜從容하고 不宜激烈하며
처 부 형 골 육 지 변   의 종 용   불 의 격 렬

遇朋友交遊之失에는 宜凱切하고 不宜優游니라
우 붕 우 교 유 지 실   의 개 절   불 의 우 유

부모형제의 변고에는 침착해야 할 것이요, 격렬해져서는 안 된다. 친구의 잘못을 보거든 적절하게 충고해야 할 것이요, 우유부단해서는 안 된다.

해설

부모나 형제와 같은 골육이 별안간 어떤 변을 당하면 지나치게 상심하고 마음이 동요되어 사태 수습을 현명하게 할 수 없게 되는 일이 생기므로 될수록 침착하고 조용하게 대처해야 한다. 그러나 친구가 잘못을 저질렀을 때에는 우물쭈물 주저하지 말고 마땅히 적절하게 충고를 해주어야 한다.

참된 영웅

小處에 不滲漏하고 暗中에 不欺隱하며
소처   불삼루   암중   불기은

末路에 不怠荒하면 纔是個眞正英雄이니라
말로   불태황   재시개진정영웅

작은 일에도 소홀함이 없고 남이 보지 않는 곳에서도 속이거나 숨기
지 않으며 끝에 가서도 태만하지 않으면 이런 사람이야말로 참된 영
웅이라고 할 수 있으리라.

은혜는 한 그릇의 밥으로도 이루는 것이다

千金도 難結一時之歡이요 一飯도 竟致終身之感이니
천금   난결일시지환   일반   경치종신지감

蓋愛重反爲仇요 薄極翻成喜也니라
개 애 중 반 위 구   박 극 번 성 희 야

천금으로도 한때의 환심을 사기는 어려우나 한 그릇의 밥으로도 평
생의 은혜를 이루는 수가 있다. 대체로 사랑이 지나치면 도리어 원한
을 살 수 있고, 작은 베풂이 도리어 큰 기쁨이 되기도 하는 것이다.

해설

남에게 천만금을 준다 해도 그것이 이해타산에서 나오는 것이라면 상대방에게 아무
런 감동도 주지 못한다. 그러나 한 그릇의 밥이라도 거기에 진정이 담겨 있다면, 경
우에 따라서는 일생토록 그 감격을 못 잊게 만든다. 한고조漢高祖 유방劉邦을 도와
패업을 이루게 한 유명한 장수 한신韓信은, 곤궁했을 때 빨래하는 여인에게서 따뜻
한 인정이 담긴 밥 한 그릇을 얻어먹은 적이 있었는데, 그 일을 그는 일생을 두고 잊
지 못했다고 한다.
배부를 때에 하는 음식 대접은 고마울 것이 없으나 곤란할 때 베푸는 작은 온정은
잊을 수 없는 은혜가 되는 것이니, 남을 돕되 꼭 필요한 경우에 적당히 해야 보람이
있는 것이다.

세상살이의 은신처가 되는 삶의 자세

藏巧於拙하고 用晦而明하며 寓淸于濁하고 以屈爲伸하면
장교어졸　　용회이명　　우청우탁　　이굴위신

眞涉世之一壺요 藏身之三窟也니라
진섭세지일호　　장신지삼굴야

교묘한 재주를 서툰 솜씨 속에 감추고, 어둠으로 밝음을 드러내며, 청렴하면서도 혼탁한 가운데 머물러 있고, 굽힘으로써 몸을 펴는 바탕으로 삼는다면 참으로 세상을 건너는 일호一壺가 되고, 몸을 감추는 삼굴三窟이 될 것이다.

해설

『갈관자鶡冠子』에 "물을 건너다가 배를 잃게 되면 표주박 하나도 천금의 값어치가 나간다中流失船 一壺千金"는 말이 있다. 호壺는 표주박으로, 가벼워서 물에 잘 뜨는 까닭에 옛날에는 간혹 이것을 여러 개 엮어서 허리에 차고 물을 건너기도 하였다. 『전국책戰國策』에 "영리한 토끼는 세 개의 굴을 파놓는다狡兎三窟"고 하였다. 이후로 삼굴은 제 때에 몸을 피하여 보신할 수 있는 방편을 만들어 놓음을 의미한다.

·

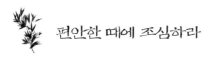
편안한 때에 조심하라

衰颯的景象은 就在盛滿中하고 發生的機緘은 卽在零落內니라
쇠 삽 적 경 상   취 재 성 만 중   발 생 적 기 함   즉 재 영 락 내

故로 君子는 居安에 宜操一心以慮患하고
고   군 자   거 안   의 조 일 심 이 려 환

處變엔 當堅百忍以圖成이니라
처 변   당 견 백 인 이 도 성

쇠퇴해 가는 모습은 흥성한 속에 있고, 새로이 피어나는 움직임은 쇠
락해 가는 속에 있다. 그러므로 군자는 편안한 때에 마음을 굳게 지
켜서 후환이 없게 할 것이요, 이변을 당했을 때에는 백 번을 참아 성
공을 도모해야만 한다.

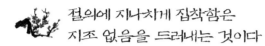
절의에 지나치게 집착함은 지조 없음을 드러내는 것이다

驚奇喜異者는 無遠大之識하고
경 기 희 이 자   무 원 대 지 식

苦節獨行者는 非恒久之操니라
고 절 독 행 자   비 항 구 지 조

신기한 것에 경탄하고 특이한 것을 좋아하는 사람은 원대한 식견을
지니지 못하고, 지나치게 절의에 집착하고 자신만의 행동을 고집하
는 사람은 변함없는 지조를 지니지 못한다.

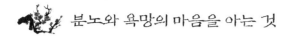 분노와 욕망의 마음을 아는 것

當怒火慾水가 正騰沸處하여 明明知得하며 又明明犯著하니
당 노 화 욕 수   정 등 비 처   명 명 지 득   우 명 명 범 착

知的是誰며 犯的又是誰오
지 적 시 수   범 적 우 시 수

此處에 能猛然轉念하면 邪魔便爲眞君矣니라
차 처   능 맹 연 전 념   사 마 변 위 진 군 의

분노의 불길이 타오르고 욕망의 물결이 끓어오르는 때를 당하여, 분명히 이를 알고 또 분명히 억제하려 함이 있으니, 이를 아는 것은 누구이며 이를 누르려는 것은 누구인가? 이때에 홀연히 생각을 돌릴 수 있다면 사악한 마음도 곧 참된 마음이 될 것이다.

해설

이성을 잃고 감정을 앞세워 화를 내고 욕망에 이끌릴 수 있는 것이 인간이다. 그러나 시간이 지나 이성을 다시 찾고 보면 자신의 행동에 후회를 하고 수치를 느끼게 된다. 그런 양면성을 가진 것이 인간일진대 분노가 치밀고 욕망이 불길처럼 일어날 때, 한 박자 늦추면서 이성을 찾는 사람. 그런 사람이야말로 마귀도 부릴 수 있는 경지에 도달했다고 보아야 할 것이다. 이것이 곧 인격수양임을 직설적으로 나타낸 글이다.

매사 행동을 조심하라

毋偏信而爲奸所欺하고 毋自任而爲氣所使하며
무 편 신 이 위 간 소 기　　무 자 임 이 위 기 소 사

毋以己之長而形人之短하고 毋因己之拙而忌人之能하라
무 이 기 지 장 이 형 인 지 단　　무 인 기 지 졸 이 기 인 지 능

한쪽 말만을 믿어 간악한 사람에게 속지 말고, 자신을 너무 믿고 만
용을 부리지 말며, 자기의 장점을 내세워 남의 단점을 드러내지 말고,
자신이 서투르다고 남의 능력 있음을 시기하지 말라.

 ## 남의 단점은 감싸고 완악한 점은 타일러라

人之短處는 要曲爲彌縫이니 如暴而揚之하면 是는 以短攻短이요
인 지 단 처　　요 곡 위 미 봉　　여 폭 이 양 지　　시　　이 단 공 단

人有頑的이어든 要善爲化誨니 如忿而疾之면 是는 以頑濟頑이니라
인 유 완 적　　요 선 위 화 회　　여 분 이 질 지　　시　　이 완 제 완

남의 단점은 될 수 있는 대로 감싸주어야 한다. 만일 그것을 드러내어
세상에 알린다면 이는 단점으로써 단점을 공격하는 것이 된다. 남에
게 완악한 점이 있으면 잘 타일러 깨우쳐 주어야 한다. 만일 화를 내고
미워한다면 이는 완악함으로써 완악함을 구제하려는 것이 된다.

성내기를 잘하는 사람 앞에서는 말을 삼가라

遇沈沈不語之士어든 且莫輸心하고
우 침 침 불 어 지 사   차 막 수 심

見悻悻自好之人이어든 應須防口하라
견 행 행 자 호 지 인   응 수 방 구

음침하여 말없는 선비를 만나거든 마음을 터놓지 말 것이며, 발끈
하여 성내기를 잘하고 잘난 체하는 사람을 보거든 모름지기 말을 삼
가라.

마음이 어두울 때는 자신을 일깨우라

念頭昏散處에는 要知提醒하고 念頭喫緊時에는 要知放下하라
염 두 혼 산 처   요 지 제 성   염 두 끽 긴 시   요 지 방 하

不然이면 恐去昏昏之病이라도 又來憧憧之擾矣니라
불 연   공 거 혼 혼 지 병   우 래 동 동 지 요 의

마음이 어둡고 산란할 때에는 자신을 일깨울 줄 알아야 할 것이요,
마음이 긴장될 때에는 풀어버릴 줄 알아야 한다. 그렇지 못하면 어두
운 마음은 고칠지라도 조바심 나는 괴로움이 다시 찾아올 것이다.

해설

마음이 어둡고 산란한 때는 마음을 가다듬어 정신을 차릴 줄 알아야 하고, 마음이 극
도로 긴장되어 굳어졌을 때는 풀어버리고 밝게 할 줄 알아야 한다. 만일 이처럼 융통
성 있게 행동할 줄 모른다면 마음이 우울하지 않을 때도 흔들리게 되어 안정을 얻지
못한다.

사람의 희로애락은 마음에 있다

霽日靑天도 倏變爲迅雷震電하고 疾風怒雨도 倏變爲朗月晴空하나니
제 일 청 천　　숙 변 위 신 뇌 진 전　　질 풍 노 우　　숙 변 위 랑 월 청 공

氣機何常이리오 一毫凝滯이며 太虛何常이리오 一毫障塞이라
기 기 하 상　　　일 호 응 체　　　태 허 하 상　　　일 호 장 색

人心之體도 亦當如是니라
인 심 지 체　　역 당 여 시

푸른 하늘도 갑자기 변하여 천둥번개가 치고, 세찬 비바람이 몰아치다가도 갑자기 변하여 맑아진 하늘에 밝은 달이 떠오른다. 대자연의 변화가 언제 조금이라도 멈춘 적이 있으며, 천체의 운행이 언제 조금이라도 막힌 적이 있었는가? 사람의 본마음 또한 마땅히 이와 같아야 하는 것이다.

해설

맑게 갠 푸른 하늘에 갑자기 먹구름이 뒤덮여 우레와 번개가 천지를 진동시키는가 하면, 폭풍우가 휘몰아치던 사나운 날씨도 금세 개어 달이 환히 비치기도 한다. 이처럼 천지의 움직임이 한결같지 않은 것은 모두가 조그마한 막힘 때문이다. 그 막힘이 뚫려 우레와 번개, 폭풍과 폭우가 지나가면 자연 본래의 모습인 푸른 하늘이 나타난다. 사람의 마음도 털끝만한 막힘으로 희로애락이 뒤바뀌지만 그것이 지나가면, 마치 비가 갠 뒤의 푸른 하늘처럼 깨끗한 본래의 마음으로 되돌아오게 마련이다.

아는 것은 행함으로 이어져야 한다

勝私制欲之功은 有曰 識不早면 力不易者하고
승사 제욕지공   유왈 식부조   역불 이 자

有曰 識得破라도 忍不過者니
유왈 식득파   인불과자

蓋識은 是一顆照魔的明珠요 力은 是一把斬魔的慧劍이니
개식   시일과조마적명주   역   시일파참마적혜검

兩不可少也니라
양불가소야

사리사욕을 이겨 제어하는 일에 대해, 어떤 사람은 사리사욕의 실체를 빨리 알지 않으면 의지대로 제어하기가 쉽지 않을 것이라 하고, 어떤 사람은 사리사욕의 실체를 간파했더라도 그것을 찾아내어 제어할 수 있는 의지가 없다면 안 된다고 한다. 앎이란 사리사욕의 실체를 분명히 비출 수 있는 밝은 구슬이며, 의지는 사리사욕을 끊어버릴 수 있는 보검이니, 이 두 가지는 모두 없어서는 안 될 것이다.

해설

사리사욕을 아는 것도 중요하고 참고 억제하는 의지도 중요하다. 지식의 빛이 없으면 악을 알아보지 못할 것이요, 의지의 칼이 없으면 알아도 끊어내지 못할 것이다. 이것이 바로 격물치지格物致知와 성의정심誠意正心, 다시 말하면 궁리窮理와 역행力行이 함께 중요시되는 까닭이다.

알고도 내색하지 않는 지혜

覺人之詐라도 不形於言하고 受人之侮라도 不動於色이면
각 인 지 사　　　불 형 어 언　　　수 인 지 모　　　부 동 어 색

此中에 有無窮意味하며 亦有無窮受用이니라
차 중　　유 무 궁 의 미　　　역 유 무 궁 수 용

남의 속임수를 깨닫고도 말로 나타내지 아니하고, 남의 업신여김을
받더라도 낯빛이 변하지 아니하면 이 가운데에 무한한 뜻이 있고 또
한 무궁한 헤아림이 있다.

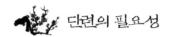 단련의 필요성

橫逆困窮은 是煆煉豪傑的一副鑪錘니
횡 역 곤 궁   시 하 련 호 걸 적 일 부 로 추

能受其煆煉하면 則心身交益하고
능 수 기 하 련   즉 심 신 교 익

不受其煆煉하면 則心身交損이니라
불 수 기 하 련   즉 심 신 교 손

역경과 곤궁은 큰 인물을 단련하는 하나의 용광로와 망치이다. 그 단
련을 능히 감내하면 몸과 마음이 함께 이로울 것이요, 그 단련을 이
겨내지 못하면 몸과 마음이 모두 해로울 것이다.

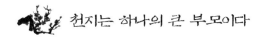 천지는 하나의 큰 부모이다

吾身은 一小天地也라
오 신   일 소 천 지 야

使喜怒不愆하고 好惡有則하면 便是燮理的功夫요
사 희 로 불 건   호 오 유 칙   변 시 섭 리 적 공 부

天地는 一大父母也라
천 지   일 대 부 모 야

使民無怨咨하고 物無氛疹하면 亦是敦睦的氣象이니라
사 민 무 원 자   물 무 분 진   역 시 돈 목 적 기 상

나의 몸은 하나의 작은 우주이다. 기뻐함과 성냄에 허물이 없게 하고, 좋아함과 싫어함을 법도에 맞게 한다면 이는 곧 내 몸을 조화롭게 다스리는 공부가 된다. 천지는 하나의 큰 부모이다. 백성들로 하여금 원망과 탄식이 없게 하고, 만물로 하여금 근심이 없게 한다면 이 또한 화목을 돈독히 하는 기상이 되는 것이다.

해설

옛날에는 사람이 천지의 조화로 태어나고 또 성품은 하늘에서 부여받는 것으로 생각해 하늘과 사람을 일체로 보았다. 그래서 사람을 작은 우주라고 했다. 이 글은 천지에 사시四時의 운행이 있듯이 사람에게도 희로호오喜怒好惡의 법칙이 있어서 몸을 다스릴 것을 강조하고 있다. 또한 백성들에게 덕을 베풀어 원망하는 탄식이 없도록 하고, 모든 사물이 순조로워서 살기 좋고 평화로운 세상을 만든다면 이것은 곧 한 집안 식구끼리 단란한 기상을 이루는 것이라 여겼다.

소홀함과 경계함을 지나치게 말라

害人之心은 不可有하고 防人之心은 不可無라 하니
해 인 지 심   불 가 유   방 인 지 심   불 가 무

此는 戒疎於慮也니라
차   계 소 어 려 야

寧受人之欺언정 毋逆人之詐라 하니 此는 警傷於察也니라
영 수 인 지 기   무 역 인 지 사   차   경 상 어 찰 야

二語竝存하면 精明而渾厚矣리라
이 어 병 존   정 명 이 혼 후 의

남을 해치려는 마음을 가져서는 안 되고, 자신을 지키려는 마음이 없
어서도 안 되니, 이는 생각이 소홀함을 경계함이다. 남한테 속임을 당
할지언정 남의 속임을 앞질러 염려하지 말 것이니, 이는 지나치게 살
피는 것을 경계함이다. 이 두 가지 말을 함께 지닌다면 생각이 밝아
지고 덕이 두터워질 것이다.

사소한 은혜에 이끌리지 말라

母因群疑而阻獨見하고 母任己意而廢人言하며
무 인 군 의 이 조 독 견   무 임 기 의 이 폐 인 언

母私小惠而傷大體하고 母借公論而快私情하라
무 사 소 혜 이 상 대 체   무 차 공 론 이 쾌 사 정

여러 사람들이 의심한다고 하여 자신의 소신을 꺾지 말고, 자신의 의
견만을 내세워 남의 말을 물리치지 말라. 사소한 은혜에 이끌려 큰일
을 그르치지 말며, 공론을 빌어서 사사로운 정을 풀려고 하지 말라.

사람을 대함에 신중을 가하라

善人을 未能急親이어든 不宜預揚이니 恐來讒讚之奸이요
선인　미능급친　　불의예양　　공래참찬지간

惡人을 未能輕去어든 不宜先發이니 恐招媒孽之禍니라
악인　미능경거　　불의선발　　공초매얼지화

착한 사람과 빨리 친할 수 없거든 미리 칭찬하지는 말라. 간악한 사람의 모함이 있을까 두렵다. 악한 사람을 쉽게 물리칠 수 없거든 미리 말을 내지 말라. 뜻하지 않은 재앙을 부를까 두렵다.

해설

사람을 선택하는 데 있어서는 극히 신중을 기해야 한다. 예컨대 선한 사람을 쓰기에 앞서 사람들에게 알리면 반드시 그 선한 사람을 참소하여 이간하는 말이 생기게 되고, 악인을 내치려 하는 일을 미리 발설한다면 그가 원한을 품고 무슨 재앙을 빚어낼지 모른다. 그러므로 인사人事의 처리는 신중하면서도 신속을 요한다.

한순간에 이루어지는 것은 없다

靑天白日的節義는 自暗室屋漏中培來하고
청 천 백 일 적 절 의　자 암 실 옥 루 중 배 래

旋乾轉坤的經綸은 自臨深履薄處操出이니라
선 건 전 곤 적 경 륜　자 임 심 리 박 처 조 출

푸른 하늘에 빛나는 태양처럼 드높은 절개도 어두운 방 한구석에서
길러진 것이요, 천지를 뒤흔드는 뛰어난 경륜도 깊은 연못가에서 살
얼음을 밟듯 조심스럽게 다듬어진 것이다.

해설

역사상에 길이 빛날 높은 절개는 하루아침에 이루어진 것이 아니라 사람들이 보지
않는 어두운 곳에서 오랜 세월을 갈고닦아 길러낸 것이다. 또 위대한 정치가들의 뛰
어난 경륜도 우연히 이루어진 것이 아니라 조심스럽고 면밀한 계획이 뒷받침되어
이루어진 것이다.

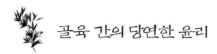# 골육 간의 당연한 윤리

父慈子孝하고 兄友弟恭하여 終做到極處라도
부 자 자 효　　　형 우 제 공　　　종 주 도 극 처

俱是合當如此니 著不得一毫感激的念頭라
구 시 합 당 여 차　　착 부 득 일 호 감 격 적 염 두

如施者任德하고 受者懷恩이면 便是路人이니 便成市道니라
여 시 자 임 덕　　수 자 회 은　　　변 시 로 인　　　변 성 시 도

아버지는 인자하고 아들은 효도하며, 형은 우애가 있고 아우는 공손한 것이 지극한 경지에 도달했다고 할지라도, 그것은 당연한 것이니 털끝만큼이라도 감격스런 마음으로 볼 것이 아니다. 만일 베푸는 사람이 덕으로 여기고, 받는 사람이 은혜로 생각한다면 그것은 곧 거리에서 우연히 만난 사람과 다름없으니 곧 장사꾼의 거래가 되고 마는 것이다.

해설

부모가 자식을 사랑하고, 자식이 부모에게 효도하며, 형이 아우를 사랑하고, 아우가 형을 공경하는 것은 자연에서 우러나온 도리로 지극히 당연한 것이다. 만일 부모가 자식에 대해 덕을 베푼 것으로 생각하고 자식이 은혜로 생각한다면 이해관계로 변하여 장사꾼과 다름없는 것이다. 이 글에서는 부모와 자식, 형과 아우, 즉 골육 사이의 당연한 윤리를 밝히고 있다.

자랑이 없으면 허물도 없다

有妍이면 必有醜하여 爲之對니 我不誇妍이면 誰能醜我리요
유연   필유추   위지대   아불과연   수능추아

有潔이면 必有汚하여 爲之仇니 我不好潔이면 誰能汚我리요
유결   필유오   위지구   아불호결   수능오아

아름다운 것이 있으면 반드시 추한 것이 있어 서로 대비를 이루게 되니, 내 스스로 아름다운 것을 자랑하지 않는다면 누가 능히 나를 추하다 하겠는가. 깨끗한 것이 있으면 반드시 더러운 것이 있어 서로 대비를 이루게 되니, 내 스스로 깨끗한 것을 좋아하지 않는다면 누가 능히 나를 더럽다 하겠는가.

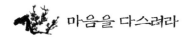 마음을 다스려라

炎凉之態는 富貴가 更甚於貧賤하고
염량지태　부귀　갱심어빈천

妬忌之心은 骨肉이 尤狠於外人이니
투기지심　골육　우한어외인

此處에 若不當以冷腸하고 御以平氣면 鮮不日坐煩惱障中矣리라
차처　약부당이냉장　　어이평기　선불일좌번뇌장중의

인정이 변덕스러운 것은 부귀한 사람이 가난한 사람보다 더하고, 질
투하고 시기하는 마음은 골육 간이 생면부지의 사람보다 더하다. 이
러한 때 만약 냉철한 마음으로 대처하고, 평정한 기운으로 제어하지
않는다면 하루도 번뇌 가운데 앉아 지내지 않는 날이 없을 것이다.

분명히 해야 할 때와 지나치지 않아야 할 때

功過는 不容少混이니 混則人懷惰墮之心하고
공 과　불 용 소 혼　　혼 즉 인 회 타 타 지 심

恩仇는 不可大明이니 明則人起携貳之志니라
은 구　불 가 대 명　　명 즉 인 기 휴 이 지 지

공로와 과실은 조금이라도 혼동하지 말라. 혼동하게 되면 사람들은 게으른 마음을 품게 될 것이다. 은혜와 원한은 지나치게 구분 짓지 말라. 지나치게 구분 지으면 사람들은 떠나려는 마음을 품게 될 것이다.

해설

공로가 있는 사람은 칭찬해 주고, 과실이 있는 사람은 경고해 주어 공로와 과실을 명확히 해야만 사람들은 스스로 격려하여 부지런히 애쓰기 때문에 게으른 사람이 없어질 것이다. 그러나 은혜와 원한을 너무 밝혀 은혜를 베푼 사람만을 후하게 대하고, 원한을 산 사람을 미워한다면 사람들이 떠나갈 것이다.

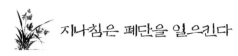# 지나침은 폐단을 일으킨다

爵位는 不宜太盛이니 太盛則危하고
작위　불의 태성　　태성 즉 위

能事는 不宜盡畢이니 盡畢則衰하며
능사　불의 진 필　　진 필 즉 쇠

行誼는 不宜過高니 過高則謗興而毀來니라
행 의　불의 과 고　과 고 즉 방 흥 이 훼 래

벼슬은 너무 높아서는 안 되니, 너무 높으면 위태롭다. 탁월한 재능은
다 쓰지 말아야 할 것이니, 다 써 버리면 쇠퇴하게 된다. 행실은 지나
치게 고상하지 말 것이니, 너무 고상하면 비방이 일어나고 헐뜯음을
듣게 될 것이다.

진정 큰 선은 남들이 알지 못하는 것이다

惡忌陰하고 善忌陽하나니
악 기 음　　　선 기 양

故로 惡之顯者는 禍淺하고 而隱者는 禍深하며
고　　악 지 현 자　　화 천　　　이 은 자　　화 심

善之顯者는 功小하고 而隱者는 功大니라
선 지 현 자　　공 소　　　이 은 자　　공 대

악은 그늘에 숨어 있기를 꺼리고 선은 밝은 곳에 나타나기를 꺼린다.
그러므로 드러난 악은 재앙이 작고 숨은 악은 재앙이 크며, 드러난
선은 공이 작고 숨은 선은 공이 크다.

해설

나쁜 일은 숨긴다 하더라도 드러나기 마련이므로 나쁜 일을 저지르고 숨기려 하면
더 큰 죄만 짓게 되며, 착한 일을 하고서 세상에 드러내려고 한다면 공리적 목적으로
착한 일을 한 것이기는 하나 동기가 불순하니, 착한 일을 하고서도 숨기려 한다면 공
은 큰 것이 된다. 그러므로 스스로 저지른 악은 감추려 하지 말고 드러내어 반성함으
로써 고치도록 하고, 스스로 행한 선은 나타내려 하지 말고 깊숙이 감춤으로써 선의
공을 크게 하라는 것이다.

덕성 없는 재능은 없는 것만도 못하다

德者는 才之主요 才者는 德之奴니
덕 자　재 지 주　재 자　덕 지 노

有才無德이면 如家無主而奴用事矣니 幾何不魍魎而猖狂이리오
유 재 무 덕　　여 가 무 주 이 노 용 사 의　기 하 불 망 량 이 창 광

덕성은 재능의 주인이요, 재능은 덕성의 종이다. 그러므로 재능은 있
으나 덕성이 없다면 마치 집안에 주인이 없고 종이 일을 멋대로 하는
것과 같으니 어찌 도깨비가 날뛰지 않겠는가.

해설

덕성과 재주는 둘 다 사람에게 필요한 것이나 덕성이 재주보다 더 중요한 것이다. 덕
성은 적고 재주만 놀라운 것을 재승덕박才勝德薄이라고 하거니와 덕성이 결여된 재
주는 횡포가 극하여 도깨비가 날뛰는 것과 같은 혼란과 죄악을 빚어내고 말 것이다.

피할 수 없게 몰아붙이지 말라

鋤奸杜倖엔 要放他一條去路니라
서 간 두 행　요 방 타 일 조 거 로

若使之一無所容이면 譬如塞鼠穴者라
약 사 지 일 무 소 용　비 여 색 서 혈 자

一切去路都塞盡이면 則一切好物俱咬破矣니라
일 체 거 로 도 색 진　즉 일 체 호 물 구 교 파 의

간악한 사람을 제거하고 아첨하는 무리를 막으려면 먼저 그들이 도
망갈 한 가닥 길을 터놓아야 한다. 만약 몸 둘 곳을 없게 한다면 이는
쥐구멍을 틀어막는 것과 같다. 달아날 길이 모두 막혀 버리면 소중한
물건을 다 물어뜯을 것이다.

함께 할 것과 함께 하지 않을 것

當與人同過나 不當與人同功이니 同功則相忌요
당여인동과 부당여인동공   동공즉상기

可與人共患難이나 不可與人共安樂이니 安樂則相仇니라
가여인공환난   불가여인공안락   안락즉상구

과실에 대한 책임은 다른 사람과 함께 할지언정 공적은 함께 하지 말
지니 공적을 함께 하면 서로 시기하게 될 것이다. 환난은 다른 사람
과 함께 할지언정 안락은 함께하지 말지니 안락을 함께 하면 서로 원
수가 될 것이다.

 ## 한마디 말로 쌓는 공덕

士君子로 貧不能濟物者는 遇人痴迷處에 出一言提醒之하고
사군자   빈불능제물자   우인치미처   출일언제성지

遇人急難處에 出一言解救之면 亦是無量功德이니라
우인급난처   출일언해구지   역시무량공덕

선비가 가난하여 비록 재물로 남을 구제하지는 못하더라도, 어리석
은 사람이 방황하고 있을 때 한마디 말로써 깨우쳐 주고, 위급한 처
지에 있는 사람을 만났을 때 한마디 말로써 구제한다면, 이것 역시
헤아릴 수 없는 공덕이 된다.

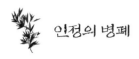

인정의 병폐

饑則附하고 飽則颺하며 燠則趨하고 寒則棄는 人情通患也라
기 즉 부　　포 즉 양　　욱 즉 추　　한 즉 기　인 정 통 환 야

굶주리면 달라붙고 배부르면 훌쩍 떠나며, 따뜻하면 몰려들고 추우
면 버리는 것, 이것이 바로 인정의 보편적 병폐이다.

군자의 자세

君子는 宜淨拭冷眼이요 愼勿輕動剛腸이니라
군 자　　의 정 식 냉 안　　신 물 경 동 강 장

군자는 마땅히 냉철한 눈을 깨끗이 닦아야 하며, 굳은 신념을 갖고
가볍게 움직이지 말아야 한다.

해설

군자는 냉철하고 객관적인 눈으로 사물을 관찰해야 하며, 확고한 신념을 갖추어 경
거망동해서는 안 된다.

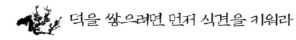 덕을 쌓으려면 먼저 식견을 키워라

德隨量進하고 量由識長하나니
덕 수 양 진　　양 유 식 장

故로 欲厚其德이면 不可不弘其量이요
고　욕 후 기 덕　　불 가 불 홍 기 량

欲弘其量이면 不可不大其識이니라
욕 홍 기 량　　불 가 불 대 기 식

덕은 도량을 따라 앞으로 나아가고 도량은 식견으로 말미암아 자란
다. 그러므로 덕을 두터이 하고자 하면 도량을 넓혀야 하고, 도량을
넓히고자 하면 먼저 식견을 키워야 하는 것이다.

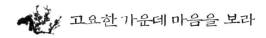

고요한 가운데 마음을 보라

一燈螢然에 萬籟無聲은 此吾人初入宴寂時也요
일 등 형 연　만 뢰 무 성　차 오 인 초 입 연 적 시 야

曉夢初醒에 群動未起는 此吾人初出混沌處也라
효 몽 초 성　군 동 미 기　차 오 인 초 출 혼 돈 처 야

乘此而一念廻光하여 炯然返照하면
승 차 이 일 념 회 광　　형 연 반 조

始知耳目口鼻가 皆桎梏이요 而情欲嗜好가 悉機械矣니라
시 지 이 목 구 비　개 질 곡　이 정 욕 기 호　실 기 계 의

외로운 등불이 반딧불처럼 가물거리고 삼라만상이 소리 없이 고요한
밤, 이때가 비로소 편안히 잠들 때다. 새벽 꿈에서 막 깨어나 만물이
아직 움직이지 않고 있을 때, 이때가 혼돈 속에서 벗어날 때다. 이때
를 틈타 마음의 빛을 환히 밝혀 돌이켜 보면, 비로소 이목구비가 모
두 몸을 묶는 수갑이요, 정욕과 기호가 마음을 타락시키는 기계임을
알 수 있을 것이다.

반성하는 사람과 원망하는 사람

反己者는 觸事가 皆成藥石이요 尤人者는 動念이 卽是戈矛니
반 기 자　촉 사　개 성 약 석　　우 인 자　동 념　즉 시 과 모

一以闢衆善之路하고 一以濬諸惡之源하니 相去霄壤矣니라
일 이 벽 중 선 지 로　　일 이 준 제 악 지 원　　상 거 소 양 의

자기를 반성하는 사람에게는 닥치는 일마다 모두 약과 숫돌이 되고,
남을 원망하는 사람에게는 일어나는 생각마다 모두 창과 칼이 된다.
하나는 모든 선의 길을 열어주고 다른 하나는 모든 악의 근원을 이루
게 되는 것이니, 이 둘은 하늘과 땅만큼의 거리가 있다.

해설

스스로 항상 반성하여 자기의 언행이 도리에 벗어나지 않게 조심하는 사람에게는
모든 일이 덕을 기르는 마음의 양식이 되고, 잘못된 일에 대한 책임을 다른 사람에게
떠넘기는 사람에게는 일어나는 생각마다 자기 자신을 해치게 되는 것이다. 그러므로
반성은 덕을 기르는 방법이고, 남을 탓하는 것은 악의 샘을 파헤치는 것이 된다. 전
자와 후자 사이에는 하늘과 땅만큼의 거리가 있는 것이다.

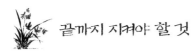

끝까지 지켜야 할 것

事業文章은 隨身銷毀로되 而精神은 萬古如新이요
사업 문장   수신소훼   이정신   만고여신

功名富貴는 逐世轉移로되 而氣絶은 千載一日이니
공명부귀   축세전이   이기절   천재일일

君子는 信不當以彼易此也니라
군자   신부당이피역차야

사업과 문장은 육체와 더불어 사라져 버리지만 정신은 오랜 세월 새
롭다. 공명과 부귀는 시대에 따라 변하지만 절개는 천년이 하루와 같
다. 그러한 까닭에 군자는 진실로 사업과 문장, 공명과 부귀로써 고귀
한 정신, 기개와 절조를 바꾸지 말아야 하는 것이다.

인간의 계획이란 믿을 수 없는 것이다

魚網之設에 鴻則罹其中하고 螳螂之貪에 雀又乘其後하나니
어 망 지 설   홍 즉 리 기 중   당 랑 지 탐   작 우 승 기 후

機裡藏機하고 變外生變이니 智巧를 何足恃哉리오
기 리 장 기   변 외 생 변   지 교   하 족 시 재

고기를 잡는 그물에 기러기가 걸려들고, 사마귀가 먹이를 노리는 곳
에 참새가 또한 그 뒤를 노린다. 계략 속에 또 계략이 숨어 있고 이변
밖에 거듭 이변이 일어나니, 인간의 지혜와 잔꾀를 어찌 믿을 수 있
겠는가!

진실함과 원만함을 두루 갖추라

作人에 無點眞懇念頭면 便成個花子니 事事皆虛하고
작 인   무 점 진 간 염 두   변 성 개 화 자   사 사 개 허

涉世에 無段圓活機趣면 便是個木人이니 處處有碍니라
섭 세   무 단 원 활 기 취   변 시 개 목 인   처 처 유 애

사람으로서 조금이라도 진실하고 간절한 마음이 없으면 이는 거지
와 다름없으니, 어떤 일을 하든지 매사가 부질없다. 세상을 살아감
에 원만하고 활달한 맛이 없으면 장승과 같으니 곳곳마다 막힘이 있
으리라.

해설

거지는 빌어먹는 것으로 생계를 꾸려 나가기 때문에 진실성이 없다. 사람에게 조금
이라도 참된 마음이 없으면 이런 거지와 같아서 말과 행실이 모두 허망하여 믿을 수
없다. 세상을 살아나가는 데 있어서 조금의 융통성도 발휘하지 못한다면 장승과 같
아서 가는 곳마다 거치적거리는 존재가 될 것이다.

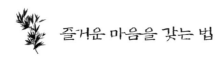 즐거운 마음을 갖는 법

水不波則自定하고 鑑不翳則自明이라
수 불 파 즉 자 정　　　 감 불 예 즉 자 명

故로 心無可淸이니 去其混之者면 而淸自現하고
고 　심 무 가 청 　　 거 기 혼 지 자 　 이 청 자 현

樂不必尋이니 去其苦之者면 而樂自存이라
낙 불 필 심 　 　 거 기 고 지 자 　 이 락 자 존

물은 물결이 일지 않으면 스스로 고요하고, 거울은 먼지가 끼지 않으면 저절로 밝다. 그러므로 굳이 마음을 맑게 하려고 애쓸 필요가 없으니 흐린 것을 버리면 스스로 맑아질 것이다. 또한 굳이 즐거움을 찾으려 애쓸 필요가 없으니 괴로움을 버리면 저절로 즐거울 것이다.

해설

물은 원래 맑은 것인데 그것을 흐리게 함으로써 맑지 않는 법이요, 사람의 마음도 본래 맑은 것이지만 그것을 흐리게 함으로써 흐려지게 되는 것이다. 그러므로 흐리게 하는 요인만 제거하면 마음은 밝은 본체를 되찾게 될 것이다. 이와 마찬가지로 즐거움이란 것도 굳이 찾을 것이 아니라 마음에 괴로움이 없게 함으로써 저절로 나타나게 되는 것인데 사람들이 공연히 제 마음을 스스로 괴롭게 하기 때문에 즐거움이 없게 되는 것이다.

큰 화는 사소한 것에서 비롯된다

有一念而犯鬼神之禁하고 一言而傷天地之和하며
유 일 념 이 범 귀 신 지 금   일 언 이 상 천 지 지 화

一事而釀子孫之禍하나니 最宜切戒니라
일 사 이 양 자 손 지 화   최 의 절 계

사소한 생각이 귀신이 금하는 것을 범하고 사소한 한 마디가 천지의
조화를 해치며, 사소한 일이 후손들에게 화를 미치니 마땅히 깊이 경
계하고 삼가야 한다.

일이든 사람이든 너무 조이지 말라

事有急之不白者로되 寬之或自明하나니 毋躁急以速其忿하고
사 유 급 지 불 백 자   관 지 혹 자 명   무 조 급 이 속 기 분

人有操之不從者로되 縱之或自化하나니 毋操切以益其頑하라
인 유 조 지 부 종 자   종 지 혹 자 화   무 조 절 이 익 기 완

일은 급히 서두르면 명백해지지 않되 차근히 하면 절로 밝혀지는 수
가 있나니 조급하게 굴어 그르치지 말라. 사람은 부리고자 하면 순종
하지 않되 놓아두면 감화되는 수가 있나니 심하게 부려 그 고집을 더
해 주는 일이 없도록 하라.

절개와 문장도 덕으로 이루어야 한다

節義가 傲靑雲하고 文章이 高白雪이라도 若不以德性陶鎔之면
절 의　　오 청 운　　문 장　고 백 설　　　약 불 이 덕 성 도 용 지

終爲血氣之私요 技能之末이니라
종 위 혈 기 지 사　　기 능 지 말

절개와 의리가 높고 문장이 뛰어날지라도, 덕으로써 수양된 것이 아
니라면 절의는 한낱 사사로운 혈기일 뿐이요, 문장의 아름다움도 그
저 말단의 기교일 뿐인 것이다.

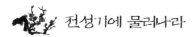 ## 전성기에 물러나라

謝事는 當謝於正盛之時하고 居身은 宜居於獨後之地니라
사사   당사어정성지시   거신   의거어독후지지

일을 그만두고 물러나려거든 마땅히 그 전성기에 할 것이며, 몸을 두려거든 마땅히 홀로 뒤처진 자리에 두라.

해설

일에서 물러서는 것은 한창 왕성한 때에 해야 한다. 자신의 마음에도 부족함이 없고 남들도 애석하게 생각하는 때가 가장 적절한 시기이다. 만일 쇠퇴기나 실패했을 경우에 마지못해 물러선다면 행색이 초라하고 위신이 손상된다. 몸둘 곳은 남이 원하지 않는 낮은 자리가 좋다. 거기에는 시기하거나 다투는 사람이 없으므로 항상 안전하고 마음에 여유가 있다.

 ## 은혜 갚음을 바라지 말라

謹德은 須謹於至微之事하고 施恩은 務施於不報之人하라
근덕   수근어지미지사   시은   무시어불보지인

덕을 삼가려면 모름지기 아주 작은 일에도 삼가고, 은혜를 베풀 때는 갚지 못할 사람에게 힘써 베풀라.

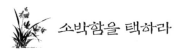 소박함을 택하라

交市人은 不如友山翁하고 謁朱門은 不如親白屋하며
교 시 인　불 여 우 산 옹　　알 주 문　불 여 친 백 옥

聽街談巷語는 不如聞樵歌牧詠하고
청 가 담 항 어　불 여 문 초 가 목 영

談今人失德過擧는 不如述古人嘉言懿行이니라
담 금 인 실 덕 과 거　불 여 술 고 인 가 언 의 행

시중의 사람을 사귀는 것은 산골 늙은이를 사귀는 것만 못하고, 고관의 집에 가서 굽실거리는 것은 오두막에 안주하는 것만 못하며, 거리에 떠도는 말을 듣는 것은 나무꾼과 목동의 노래를 듣는 것만 못하고, 오늘날 사람들의 부덕과 그릇된 행실을 말하는 것은 옛사람의 바른 말과 아름다운 행실을 이야기하는 것만 못하다.

해설

눈만 뜨면 이익을 추구하기에 골몰하는 저자 사람과 친하기보다는 소박한 산골의 늙은이를 사귀는 것이 좋고, 권문세가에 드나들면서 굽실거리기보다는 청빈한 선비와 친하는 것이 깨끗하다. 거리의 뜬소문은 믿을 것이 못 되고 또 마음을 어지럽히기 쉬우니 차라리 나무꾼이나 소 치는 아이의 진정에서 우러나는 노랫소리를 듣는 편이 낫다. 그리고 남의 허물을 들추어서 말하는 것보다는 옛사람의 아름다운 말과 맑은 행실을 논하여, 서로 선의 길로 권면하며 교양을 쌓는 편이 차라리 낫다는 것이다.

덕은 모든 것의 기초가 된다

德者는 事業之基니 未有基不固而棟宇堅久者니라
덕 자   사 업 지 기   미 유 기 불 고 이 동 우 견 구 자

덕은 모든 사업의 기초가 되니, 기초가 튼튼하지 못한 집이 오래가는
일은 일찍이 없었다.

마음은 자손의 뿌리가 된다

心者는 後裔之根이니 未有根不植而枝葉榮茂者니라
심 자   후 예 지 근   미 유 근 불 식 이 지 엽 영 무 자

마음은 자손의 뿌리이니, 뿌리를 제대로 내리지 않고서 가지와 잎이
무성한 일은 일찍이 없었다.

해설

나무의 뿌리가 잘 심어지면 가지와 잎이 무성하지만 뿌리가 제대로 심어지지 않으
면 그 나무도 시드는 것처럼, 사람도 착한 마음을 후손에게 심어주면 그 자손이 번영
을 누리고 그렇지 못하면 쇠퇴한다. 흔히 덕을 쌓은 집이 오래도록 번영함을 볼 수
있으니 착한 마음을 가지고 덕을 쌓기에 힘써야 한다.

학문하는 사람이 새겨야 할 말

前人이 云하되 抛却自家無盡藏하고 沿門持鉢效貧兒라 하고
전 인　운　　포 각 자 가 무 진 장　　연 문 지 발 효 빈 아

又云하되 暴富貧兒休說夢하라 誰家竈裡火無烟이리오 하니
우 운　　폭 부 빈 아 휴 설 몽　　수 가 조 리 화 무 연

一箴自昧所有요 一箴自誇所有하니 可爲學問切戒니라
일 잠 자 매 소 유　　일 잠 자 과 소 유　　가 위 학 문 절 계

옛사람이 말하였다. "자기 집의 무한한 보물을 내버려 두고 밥그릇을
가지고 남의 집 대문을 기웃거리며 거지처럼 구하고 있구나."
또 말하기를 "벼락부자여, 일장춘몽 같은 부귀를 자랑하지 말라. 어
느 집인들 아궁이에 불 때면 연기가 없겠는가?"라고 하였다.
앞의 말은 가지고 있으면서도 깨닫지 못하는 어리석음을 경계한 것
이고, 뒤의 말은 일시적으로 가진 것을 자랑함을 경계하는 것이니, 학
문하는 사람이 새겨야 할 격언이라 하겠다.

학문은 날마다 닦아야 한다

道는 是一重公衆物事니 當隨人而接引이요
도　시 일 중 공 중 물 사　당 수 인 이 접 인

學은 是一個尋常家飯이니 當隨事而警惕이니라
학　시 일 개 심 상 가 반　당 수 사 이 경 척

도는 만인의 것이니 마땅히 사람마다 이끌어 지키도록 할 것이요, 학문은 늘 먹는 밥과 같은 것이니, 마땅히 일마다 깨우치고 삼가야 할 것이다.

해설

도덕은 성인군자만이 행하는 것이 아니라 누구나 지켜야 하므로 사람마다 바른 길로 이끌어 행하게 해야 한다. 학문은 이론에 그치는 것이 아니라 날마다 먹는 음식처럼 생활에 꼭 필요한 것이다. 그러므로 일상생활에서 일어나는 모든 일을 그르치지 않도록 신중을 기해야 한다.

나를 비추어 타인을 본다

信人者는 人未必盡誠이나 己則獨誠矣요
신 인 자　인 미 필 진 성　　기 즉 독 성 의

疑人者는 人未必皆詐나 己則先詐矣니라
의 인 자　인 미 필 개 사　　기 즉 선 사 의

다른 사람을 믿는 것은 그 사람이 진실해서가 아니라 자신이 진실하기 때문이다. 다른 사람을 의심하는 것은 그 사람이 속여서가 아니라 자신이 먼저 속이기 때문이다.

 ## 너그러운 사람이 되어라

念頭寬厚的은 如春風煦育하여 萬物이 遭之而生하고
염 두 관 후 적　여 춘 풍 후 육　　만 물　조 지 이 생

念頭忌刻的은 如朔雪陰凝하여 萬物이 遭之而死니라
염 두 기 각 적　여 삭 설 음 응　　만 물　조 지 이 사

마음이 너그럽고 후한 사람은 마치 봄바람이 따뜻하게 길러주는 것처럼 만물이 이를 만나면 생기가 충만해지고, 마음에 의심이 많고 각박한 사람은 마치 겨울의 찬바람이 얼어붙게 하는 것처럼 만물이 이를 만나면 생기를 잃어버린다.

언젠가는 뿌린 대로 거둔다

爲善에 不見其益이나 如草裡東瓜하여 自應暗長하고
위선 　불견기익 　여초리동과 　자응암장

爲惡에 不見其損이나 如庭前春雪하여 當必潛消니라
위악 　불견기손 　여정전춘설 　당필잠소

착한 일을 했을 때 그 이로움은 당장 드러나지 않아도 마치 풀 속에 난 동과와 같아서 남모르는 사이에 절로 자라나며, 악한 일을 했을 때 그 해로움은 당장 드러나지 않아도 마치 앞뜰의 봄눈과 같아서 모르는 사이에 반드시 스스로 소멸하게 될 것이다.

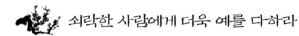

쇠락한 사람에게 더욱 예를 다하라

遇故舊之交어든 意氣要愈新하고
우 고 구 지 교　　의 기 요 유 신

處隱微之事어든 心迹宜愈顯하며
처 은 미 지 사　　심 적 의 유 현

待衰朽之人이어든 恩禮當愈隆하라
대 쇠 후 지 인　　은 례 당 유 릉

옛 친구를 만나거든 의기를 더욱 새롭게 해야 하며, 은밀한 일을 당
해서는 마음가짐을 더욱 뚜렷이 드러내야 하고, 쇠락한 사람을 대하
거든 은덕과 예우를 더욱 후하게 해야 한다.

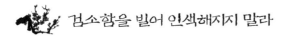 검소함을 빌어 인색해지지 말라

勤者는 敏於德義어늘 而世人은 借勤而濟其貧하고
근 자   민 어 덕 의   이 세 인   차 근 이 제 기 빈

儉者는 淡於貨利어늘 而世人은 假儉以飾其吝하나니
검 자   담 어 화 리   이 세 인   가 검 이 식 기 린

君子持身之符가 反爲小人營私之具矣니 惜哉로다
군 자 지 신 지 부   반 위 소 인 영 사 지 구 의   석 재

부지런함이란 도덕과 의리에 민첩함을 말하는 것인데 세상 사람들은
부지런함을 빌어서 자신의 가난을 건지고 있다. 검소함이란 재물과
이권에 탐욕 없음을 말하는 것인데 세상 사람들은 검소함을 빌어서
자신의 인색함을 꾸미고 있다. 군자의 수양법이 도리어 소인의 사리
를 꾀하는 방편이 되고 말았으니 애석한 일이로다!

즉흥적인 일과 생각은 오래가지 못한다

憑意興作爲者는 隨作則隨止하니 豈是不退之輪이리오
빙 의 흥 작 위 자　수 작 즉 수 지　　기 시 불 퇴 지 륜

從情識解悟者는 有悟則有迷니 終非常明之燈이니라
종 정 식 해 오 자　유 오 즉 유 미　종 비 상 명 지 등

마음 내키는 대로 시작한 일은 시작하자마자 곧 멈추게 되니, 어찌
뒤로 물러설 줄 모르는 수레바퀴가 되겠는가. 일시적인 감정에 의해
깨달은 것은 깨닫자마자 곧 흐려지게 되니, 영구히 빛나는 등불은 되
지 못한다.

해설

충분히 생각하고 면밀한 계획을 세워 일에 착수해야 쉬지 않고 굴러가는 수레바퀴
처럼 순조롭게 잘 진행되는 법이니 일시적인 생각에서 시작하는 일은 오래 계속되
지 못한다. 또 순간적인 감정에서 얻은 지혜는 깨달은 듯하다가는 곧 혼미해지니 마
음을 환히 비추는 등불은 되지 못한다.

나의 허물과 남의 허물을 달리 하라

人之過誤는 宜恕로되 而在己則不可恕요
인 지 과 오   의 서   이 재 기 즉 불 가 서

己之困辱은 當忍이로되 而在人則不可忍이니라
기 지 곤 욕   당 인   이 재 인 즉 불 가 인

남의 허물은 마땅히 용서해야 하지만 나의 허물은 용서해서는 안 된
다. 나의 곤궁과 굴욕은 마땅히 참아야 하지만 남의 곤궁과 굴욕은
참아서는 안 된다.

진실로 청렴한 사람

能脫俗하면 便是奇니 作意尙奇者는 不爲奇而爲異하고
능 탈 속　　　변 시 기　　작 의 상 기 자　　불 위 기 이 위 리

不合汚하면 便是淸이니 絶俗求淸者는 不爲淸而爲激이니라
불 합 오　　　변 시 청　　절 속 구 청 자　　불 위 청 이 위 격

능히 세속에서 벗어날 수 있는 사람이 바로 기인이다. 애써서 기행을
숭상하는 자는 기인이 아니라 괴이한 사람이다. 세속의 더러움에 섞
이지 않는 사람이 바로 청렴한 사람이다. 세속과 인연을 끊고 청렴을
구하는 자는 청렴한 것이 아니라 과격한 사람에 지나지 않는다.

은혜는 박하게, 위엄은 엄격하게 시작하라

恩宜自淡而濃이니 先濃後淡者는 人忘其惠하고
은 의 자 담 이 농　　　선 농 후 담 자　　인 망 기 혜

威宜自嚴而寬이니 先寬後嚴者는 人怨其酷이니라
위 의 자 엄 이 관　　　선 관 후 엄 자　　인 원 기 혹

은혜는 박하게 베푸는 것에서 두텁게 나아가야 하나니, 먼저 두텁고
뒤에 박하면 사람들은 그 은혜를 잊는다. 위엄은 마땅히 엄격함에서
너그러움으로 나아가야 하나니, 먼저 너그럽고 뒤에 엄하면 사람들
은 그 혹독함을 원망한다.

먼저 잡념을 없애야 본성이 보인다

心虛則性現하나니 不息心而求見性은 如撥波覓月이요
심 허 즉 성 현　　　불 식 심 이 구 견 성　　여 발 파 멱 월

意淨則心淸하나니 不了意而求明心은 如索鏡增塵이니라
의 정 즉 심 청　　　불 료 의 이 구 명 심　　여 색 경 증 진

마음속에 잡념이 없어야 자기의 본성이 드러나니, 잡념을 끊지 않고
본성을 보려 하는 것은 물살을 헤쳐서 달을 찾으려는 것과 같다. 뜻
이 깨끗하면 마음이 맑아지니, 뜻을 명확히 알지 못하고 마음이 맑기
를 구하는 것은 깨끗한 거울을 바라면서 거울에 먼지를 덧씌우는 것
과 같다.

사람들이 대하는 것은 본래의 내가 아니다

我貴而人奉之는 奉此峨冠大帶也요
아 귀 이 인 봉 지　　봉 차 아 관 대 대 야

我賤而人侮之는 侮此布衣草履也니라
아 천 이 인 모 지　　모 차 포 의 초 리 야

然則原非奉我니 我胡爲喜하며 原非侮我니 我胡爲怒리오
연 즉 원 비 봉 아　　아 호 위 희　　　원 비 모 아　　아 호 위 노

내가 높은 자리에 있을 때 사람들이 나를 받드는 것은 내 몸에 걸친
높은 관과 큰 띠를 받드는 것이요, 내가 비천한 자리에 있을 때 사람
들이 나를 업신여기는 것은 내 몸에 걸친 베옷과 짚신을 업신여기는
것이다. 그렇다면 본래의 나 자신을 받드는 것이 아니니 내가 무엇을
기뻐할 것이며, 본래의 나 자신을 업신여기는 것이 아니니 내가 무엇
을 노여워하겠는가.

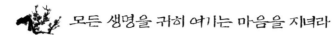 모든 생명을 귀히 여기는 마음을 지녀라

爲鼠常留飯하고 憐蛾不點燈이라 하니
위서상류반　　연아부점등

古人此等念頭는 是吾人一點生生之機라
고인차등염두　　시오인일점생생지기

無此면 便所謂土木形骸而已니라
무차　변소위토목형해이이

'쥐를 위해 늘 밥을 남겨 두고 불나방을 가엾게 여겨 등불을 켜지 않
는다'고 하였으니, 옛사람의 이와 같은 마음은 바로 우리 인생이 나고
자라는 한 점의 기틀인 것이다. 이런 마음이 없다면 흙이나 나무와
같은 형체에 지나지 않는 것이다.

마음의 변화에 거리낌이 없어야 한다

心體는 便是天體라 一念之喜는 景星慶雲이요
심 체   변 시 천 체   일 념 지 희   경 성 경 운

一念之怒는 震雷暴雨요 一念之慈는 和風甘露요
일 념 지 노   진 뢰 폭 우   일 념 지 자   화 풍 감 로

一念之嚴은 烈日秋霜이니 何者少得이리오
일 념 지 엄   열 일 추 상   하 자 소 득

只要隨起隨滅하여 廓然無碍하나니 便與太虛同體니라
지 요 수 기 수 멸   확 연 무 애   변 여 태 허 동 체

마음의 본체가 곧 하늘의 본체이다. 한순간의 즐거운 마음은 상서로운 별과 구름이고, 한순간의 성낸 마음은 사나운 우레와 폭우이며, 한순간의 자비로운 마음은 따뜻한 바람과 달콤한 이슬이고, 한순간의 엄격한 마음은 뜨거운 태양과 찬 서리이니, 어느 것인들 없을 수 있겠는가? 다만 이러한 감정들이 때와 상황에 따라 일어났다가 사라져 시원스럽고 거리낌이 없어야 하늘과 하나가 되는 것이다.

고요하면서도 깨어 있는 마음

無事時에는 心易昏冥하나니 宜寂寂而照以惺惺하고
무 사 시   심 이 혼 명   의 적 적 이 조 이 성 성

有事時에는 心易奔逸하나니 宜惺惺而主以寂寂하라
유 사 시   심 이 분 일   의 성 성 이 주 이 적 적

일이 없을 때에는 마음이 어두워지기 쉬우니 마땅히 고요한 가운데
밝게 비춰야 하고, 일이 있을 때에는 마음이 흩어지기 쉬우니 마땅히
밝은 가운데 고요함을 지켜야 한다.

자신을 일의 가운데와 일의 밖에 둘 때

議事者는 身在事外하여 宜悉利害之情이요
의 사 자   신 재 사 외   의 실 리 해 지 정

任事者는 身居事中하여 當忘利害之慮니라
임 사 자   신 거 사 중   당 망 리 해 지 려

일을 논의하는 사람은 자신을 일의 밖에 두어 마땅히 이해의 실정을
알아야 하고, 일을 맡은 사람은 자신을 일의 가운데에 두어 마땅히
이해에 대한 생각을 잊어야 한다.

해설

남의 일에 대해서 의논의 상대자가 되는 사람은 그 일에 대해서 객관적으로 냉정하
게 생각해야 하므로, 일단 그 일에 대해서는 제3자의 입장에 서서 종합적으로 살펴
야 한다. 또 직접적인 당사자가 되었을 때에는 그 일의 결과를 생각하고, 이해관계에
사로잡히지 말고 오직 그 일에 몰두해서 일을 성취하도록 해야 한다.

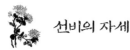 선비의 자세

士君子는 處權門要路면 操履要嚴明하고 心氣要和易하며
사군자　처권문요로　조리요엄명　　심기요화이

毋少隨而近腥羶之黨하고 亦毋過激而犯蜂蠆之毒이니라
무소수이근성전지당　　역무과격이범봉채지독

선비는 권세 있고 높은 자리에 있으면 몸가짐과 행실은 엄격하고 분명해야 하고 마음과 기운은 온화하고 부드럽게 해야 한다. 조금이라도 방종하여 사리사욕을 일삼는 무리를 가까이해서는 안 되고, 또한 지나치게 격분하여 악랄한 소인배들을 건드려서도 안 된다.

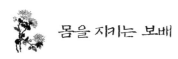 몸을 지키는 보배

標節義者는 必以節義受謗하고 榜道學者는 常因道學招尤라
표 절 의 자　필 이 절 의 수 방　　방 도 학 자　상 인 도 학 초 우

故로 君子는 不近惡事하고 亦不立善名하나니
고　군 자　불 근 악 사　　역 불 립 선 명

只渾然和氣가 纔是居身之珍이니라
지 혼 연 화 기　재 시 거 신 지 진

절개와 의리를 내세우는 사람은 절개와 의리 때문에 비난을 받고,
도덕과 학문을 내세우는 사람은 도덕과 학문 때문에 원망을 듣는다.
그러므로 군자는 악한 일을 가까이하지 않을 뿐만 아니라 자기의 명
성도 내세우지 않나니, 오직 원만한 화기만이 몸을 보전하는 보배가
된다.

저마다의 사람을 대하는 법

遇欺詐的人이어든 以誠心感動之하고
우 기 사 적 인　　　이 성 심 감 동 지

遇暴戾的人이어든 以和氣薰蒸之하며
우 폭 려 적 인　　　이 화 기 훈 증 지

遇傾邪私曲的人이어든 以名義氣節激勵之하면
우 경 사 사 곡 적 인　　　이 명 의 기 절 격 려 지

天下에 無不入我陶冶中矣리라
천 하　　무 불 입 아 도 야 중 의

속이려는 사람을 만나거든 진실한 마음으로 그를 감동시키고, 난폭한 사람을 만나거든 부드러운 기운으로 그를 감화시키며, 마음이 비뚤어져 사욕만을 탐하는 사람을 만나거든 대의명분과 기개 있는 절조로 그를 격려해야 한다. 그렇게 하면 이 세상에서 나의 도야 속으로 들어오지 않을 사람이 없을 것이다.

자비로운 마음과 결백한 마음

一念慈祥은 可以醞釀兩間和氣요
일 념 자 상   가 이 온 양 양 간 화 기

寸心潔白은 可以昭垂百代淸芬이니라
촌 심 결 백   가 이 소 수 백 대 청 분

한결같은 자비로운 마음은 천지간에 화평한 기운을 빚어낼 것이요,
한 가닥의 결백한 마음은 향기로운 이름을 백 대에 밝게 드리우리라.

평범한 덕행만이 화평을 부른다

陰謀怪習과 異行奇能은 俱是涉世的禍胎니
음 모 괴 습　　이 행 기 능　　구 시 섭 세 적 화 태

只一個庸德庸行이 便可以完混沌而召平和니라
지 일 개 용 덕 용 행　　변 가 이 완 혼 돈 이 소 평 화

음흉한 계략, 괴상한 버릇, 이상한 행동, 기이한 능력은 모두 세상을
살아가는 데 있어 재앙을 부르는 씨가 된다. 오직 평범한 덕행만이
본성을 온전히 하여 화평을 부를 수 있는 것이다.

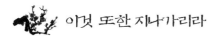
이것 또한 지나가리라

語에 云하되 登山耐側路하고 踏雪耐危橋라 하니
어 운 등산내측로 답설내위교

一耐字는 極有意味로다
일 내 자 극 유 의 미

如傾險之人情과 坎坷之世道에 若不得一耐字撑持過去면
여 경 험 지 인 정 감 가 지 세 도 약 부 득 일 내 자 탱 지 과 거

幾何不墮入榛莽坑塹哉리오
기 하 불 타 입 진 망 갱 참 재

옛말에 이르기를 "산을 오를 때는 비탈길을 견뎌 내고, 눈을 밟을 때
는 위태로운 다리를 건너는 것을 견디라"고 했으니 이 '견딜 내耐' 자
에 깊은 의미가 있다. 만약 비뚤어진 험한 인정과 순탄치 못한 세상
길에서 이 '내耐'자 하나를 붙잡고 버티어 나가지 못한다면 어찌 가시
덤불과 구덩이에 빠지지 않으리오.

공적과 문장을 자랑 말라

誇逞功業과 炫耀文章은 皆是靠外物做人이니
과 령 공 업　현 요 문 장　개 시 고 외 물 주 인

不知心體瑩然하여 本來不失이면
부 지 심 체 형 연　　본 래 부 실

卽無寸功隻字일지라도 亦自有堂堂正正做人處로다
즉 무 촌 공 척 자　　　역 자 유 당 당 정 정 주 인 처

공적을 과시하고 문장을 자랑함은 그들이 외물에 기대어 이루어진
사람이기 때문이니, 마음의 본체가 밝아 그 본래의 모습을 잃지 않으
면, 비록 한 치의 공적이나 한 글자의 문장이 없다 해도 스스로 정정
당당한 사람이 됨을 알지 못하는 것이다.

평소에 마음을 가다듬어 두라

忙裡에 要偸閒이면 須先向閒時討個杷柄하고
망 리   요 투 한   수 선 향 한 시 토 개 파 병

鬧中에 要取靜이면 須先從靜處立個主宰하라
요 중   요 취 정   수 선 종 정 처 입 개 주 재

不然이면 未有不因境而遷하고 隨事而靡者니라
불 연   미 유 불 인 경 이 천   수 사 이 미 자

바쁜 가운데서 한가로움을 얻으려면 먼저 한가한 때에 그 마음의 자
루를 찾아들 것이요, 시끄러운 때에 고요함을 취하려면 먼저 고요한
때에 그 중심을 세워두라. 그렇지 않으면 경우에 따라 움직이고 일에
따라 흔들리지 않을 수 없다.

해설
사람이 바쁘면서도 한가로움 속에 사는 경지에 있다는 것은 정신적 자유 속에 사는
것이다. 그렇게 되기 위해서는 평소에 마음의 본체를 직관해서 체득해 두지 않으면
안 된다. 외적 환경과 외적 사물에 따라서 마음이 이리저리 흔들린다면 마음의 주체
성과 마음이 있어야 할 참된 장소를 잃어버리는 것이 된다.

자신과 타인과 자손을 위한 세 가지

不昧己心하고 不盡人情하며 不竭物力하라
불 매 기 심　　부 진 인 정　　불 갈 물 력

三者는 可以爲天地立心하고 爲生民立命하며 爲子孫造福이니라
삼 자　　가 이 위 천 지 입 심　　위 생 민 입 명　　위 자 손 조 복

내 마음을 어둡게 하지 않고 남을 야박하게 대하지 않으며 재물을 낭
비하지 말라. 이 세 가지는 세상에 내 마음을 확고하게 세우는 길이
고, 뭇 사람들에 대해 생활을 평안하게 해주는 것이며, 자손을 위해
복을 쌓는 일이다.

명심해야 할 두 마디

居官에 有二語하니 曰 惟公則生明하고 惟廉則生威요
거 관　　유 이 어　　　왈 유 공 즉 생 명　　　유 렴 즉 생 위

居家에 有二語하니 曰 惟恕則情平하고 惟儉則用足이니라
거 가　　유 이 어　　　왈 유 서 즉 정 평　　　유 검 즉 용 족

관직에 있는 사람이 명심해야 할 두 마디 말이 있으니, 오직 공정하면 밝은 지혜가 생기고, 오직 청렴하면 위엄이 생긴다는 것이다. 가정을 꾸리는 사람이 명심해야 할 두 마디 말이 있으니, 오직 용서하면 불평이 없고, 오직 검소하면 쓰임이 넉넉하다는 것이다.

부귀하고 젊을 때 생각해야 할 것

處富貴之地에는 要知貧賤的痛癢하고
처 부 귀 지 지   요 지 빈 천 적 통 양

當少壯之時에는 須念衰老的辛酸이니라
당 소 장 지 시   수 념 쇠 로 적 신 산

부귀한 자리에 있을 때에 마땅히 가난하고 천한 사람의 고통을 알아
야 하고, 젊을 때에 모름지기 늙고 쇠약한 사람의 고달픔을 생각해야
한다.

 ## 너무 깨끗하고 분명하게 행동하지 말라

持身에는 不可太皎潔이니 一切汚辱垢穢를 要茹納得이요
지 신   불 가 태 교 결   일 체 오 욕 구 예   요 여 납 득

與人에는 不可太分明이니 一切善惡賢愚를 要包容得이니라
여 인   불 가 태 분 명   일 체 선 악 현 우   요 포 용 득

몸가짐은 너무 깨끗하게 하지 말지니 모든 욕됨과 때묻음을 용납할
수 있어야 하고, 남과 사귐에는 너무 분명하지 말아야 할지니 선과
악과 지혜로움과 어리석음을 모두 받아들일 수 있어야 한다.

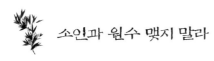

소인과 원수 맺지 말라

休與小人仇讐하라 小人은 自有對頭니라
휴 여 소 인 구 수　　소 인　　자 유 대 두

休向君子諂媚하라 君子는 原無私惠니라
휴 향 군 자 첨 미　　군 자　　원 무 사 혜

소인과 원수를 맺지 말라. 소인은 그에게 걸맞은 적수가 있는 것이다.
군자에게 아첨하지 말라. 군자는 원래 사사로운 은혜를 베풀지 않는
것이다.

고칠 수 있는 것과 고칠 수 없는 것

縱欲之病은 可醫나 而執理之病은 難醫하고
종 욕 지 병　가 의　이 집 리 지 병　난 의

事物之障은 可除나 而義理之障은 難除니라
사 물 지 장　가 제　이 의 리 지 장　난 제

욕심에 얽매인 병은 고칠 수 있지만 이론에 집착하는 병은 고치기 힘들고, 사물에 의한 막힘은 없앨 수 있지만 의리에 의한 막힘은 없애기 힘든 것이다.

해설

욕심을 부리는 병은 고칠 수 있어도 자기 견해만 옳다고 우기는 고집은 고치기 어렵다. 또 물질에 얽매인 마음의 장애물은 제거할 수 있어도 정신적 의리에 얽매인 장애물은 좀처럼 제거할 수 없다. 즉 물질적인 병폐보다 정신적인 병폐가 더 고치기 어렵다는 것이다.

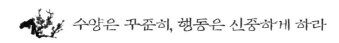 수양은 꾸준히, 행동은 신중하게 하라

磨礪는 當如百煉之金이니 急就者는 非邃養이며
마 려　　당 여 백 련 지 금　　급 취 자　　비 수 양

施爲는 宜似千鈞之弩니 輕發者는 無宏功이니라
시 위　　의 사 천 균 지 노　　경 발 자　　무 굉 공

갈고닦음에 있어서는 마땅히 백 번을 단련한 쇠와 같아야 하니, 급히 이룬 것은 깊은 수양이 아니다. 일을 추진함에 있어서는 마땅히 천 균의 돌활과 같아야 하니, 가벼이 쏘면 큰 공이 없다.

해설

심신수양은 쇠를 단련하는 것과 같이 반복해서 이루어야 하니, 만약 성취하는 데만 급급하면 깊은 수양을 할 수 없다. 일을 추진할 때는 아주 무겁고 큰 쇠뇌를 당기듯 신중해야 하니, 대충대충 경솔하게 행동하는 사람은 큰 공적을 이루지 못한다는 것이다.

비난을 받을지언정 아첨은 듣지 말라

寧爲小人所忌毁언정 毋爲小人所媚悅하며
영 위 소 인 소 기 훼   무 위 소 인 소 미 열

寧爲君子所責修언정 毋爲君子所包容하라
영 위 군 자 소 책 수   무 위 군 자 소 포 용

차라리 소인에게 미움과 비난을 받을지언정 소인들이 아첨하고 좋아
하는 대상이 되지 말라. 차라리 군자에게 꾸짖음을 당하고 일깨워질
지언정 군자가 감싸고 용서하는 사람은 되지 말라.

드러나지 않는 것이 더욱 위험하다

好利者는 逸出於道義之外하여 其害顯而淺하고
호 리 자　　일 출 어 도 의 지 외　　　기 해 현 이 천

好名者는 竄入於道義之中하여 其害隱而深이니라
호 명 자　　찬 입 어 도 의 지 중　　　기 해 은 이 심

이욕을 좋아하는 자는 애초부터 도의 밖에 벗어나 있으니 그 해독이
나타나되 얕고, 명성을 좋아하는 자는 도의 안에 숨어들었으니 그 해
독이 드러나지 않되 깊은 것이다.

해설

이익을 좋아하는 사람은 애초부터 도의의 밖으로 벗어나 있으니, 그 폐해가 비록 분
명히 드러나지만 깊지는 않다. 명예를 좋아하는 사람은 겉으로는 도덕군자인 체 행
동하면서 암암리에 온갖 불의를 행하니, 그 폐해는 잘 드러나지 않지만 심하기 그지
없는 것이다.

원한은 잊고 은혜는 기억하라

受人之恩에는 雖深不報나 怨則淺亦報之하고
수 인 지 은　　수 심 불 보　　원 즉 천 역 보 지

聞人之惡에는 雖隱不疑나 善則顯亦疑之하나니
문 인 지 악　　수 은 불 의　　선 즉 현 역 의 지

此刻之極이요 薄之尤也니 宜切戒之니라
차 각 지 극　　박 지 우 야　　의 절 계 지

남한테서 받은 은혜는 깊어도 갚지 않으면서 원망은 얕아도 갚고, 남이 악하다는 이야기를 들으면 비록 뚜렷하지 않아도 의심하지 않으면서 착하다는 이야기는 뚜렷해도 의심한다. 이것이야말로 각박의 극단이요, 경박의 극치니 반드시 경계해야 한다.

해설

남에게서 받은 큰 은혜는 갚을 생각을 하지 않으면서, 원한은 조금만 있어도 보복을 하려고 한다. 또한 남의 잘못은 분명하지 않은 것도 그대로 받아들이면서 남의 선행은 비록 분명한 것이라 해도 부정한다. 이와 같은 것은 극히 각박한 행위이므로 깊이 경계해야 한다. 은혜는 갚아야 하고, 원한은 잊어야 하며, 선과 악은 분명히 가려야 한다.

헐뜯는 사람보다 아첨하는 사람을 조심하라

讒夫毁士는 如寸雲蔽日하여 不久自明이요
참 부 훼 사   여 촌 운 폐 일   불 구 자 명

媚子阿人은 似隙風侵肌하여 不覺其損이니라
미 자 아 인   사 극 풍 침 기   불 각 기 손

비방하고 헐뜯는 사람은 마치 한 조각의 구름이 해를 가리는 것과 같
아서 오래지 않아 저절로 밝아진다. 아양을 떨고 아첨하는 사람은 마
치 틈새로 들어오는 바람이 살갗에 스며듦과 같아서 그 해로움을 깨
닫지 못한다.

지나치게 고상하고 좁은 마음을 경계하라

山之高峻處에는 無木이로되 而谿谷廻環이면 則草木이 叢生하고
산 지 고 준 처   무 목   이 계 곡 회 환   즉 초 목   총 생

水之湍急處에는 無魚로되 而淵潭停蓄이면 則魚鼈이 聚集하나니
수 지 단 급 처   무 어   이 연 담 정 축   즉 어 별   취 집

此高絶之行과 褊急之衷은 君子重有戒焉이니라
차 고 절 지 행   편 급 지 충   군 자 중 유 계 언

높고 험한 산에서는 나무가 자라지 못하나 골짜기에는 초목이 무성
하고, 물살이 센 곳에는 고기가 없지만 깊고 고요한 연못에는 물고기
와 자라가 모여든다. 그러한 까닭에 군자는 지나치게 고상한 태도와
좁고 급한 마음을 경계해야 한다.

공로도 본성을 바탕으로 이루는 것이다

建功立業者는 多虛圓之士요 僨事失機者는 必執拗之人이니라
건 공 립 업 자   다 허 원 지 사   분 사 실 기 자   필 집 요 지 인

공로와 업적을 이루는 사람은 대체로 겸허하고 원만한 선비요, 일을 그르치고 기회를 놓치는 사람은 반드시 앞뒤가 꽉 막힌 고집불통이다.

해설

허심탄회하게 남의 말을 받아들이고, 대인관계가 원만한 사람이 공업功業을 이룰 수 있다. 자기 생각만을 옳다고 주장하고 융통성이 없는 사람은 반드시 실패하게 마련이다. 또한 다른 사람의 의견을 다양하게 듣는 것은 좋지만, 반드시 옳고 그름을 판단하여 바른말만을 받아들여야 한다.

중용을 지켜라

處世에 不宜與俗同이요 亦不宜與俗異하고
처세　불의여속동　　역불의여속이

作事에 不宜令人厭이요 亦不宜令人喜니라
작사　불의영인염　　역불의영인희

처세함에 있어 마땅히 세속과 같게 해서도 안 되며, 또한 세속과 다르게 해서도 안 된다. 일을 함에 있어 마땅히 사람들이 싫어하게 해서도 안 되고, 또한 사람들을 기쁘게 해서도 안 된다.

해설

세상을 살아감에 세속에 휩쓸려서도 안 되지만 그렇다고 세속과 담을 쌓아도 안 된다. 일을 추진할 때에는 남들의 미움을 받아서도 안 되지만 그렇다고 남들의 비위를 맞추려 해서도 안 된다는 것이다.

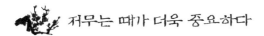 ## 저무는 때가 더욱 중요하다

日既暮而猶烟霞絢爛하고 歲將晩而更橙橘芳馨하나니
일 기 모 이 유 연 하 현 란　　세 장 만 이 갱 등 귤 방 형

故로 末路晩年을 君子更宜精神百倍니라
고　　말 로 만 년　군 자 갱 의 정 신 백 배

날이 이미 저물어 감에 노을은 오히려 아름다우며, 한 해가 저물어
감에 귤 향기는 한층 향기롭다. 그러므로 군자는 인생의 말년에 정신
을 백 배 가다듬어 나아가야 한다.

해설

사람은 젊을 때도 중요하지만 인생을 청산하는 말년이 더욱 중요하다. 인생의 말년,
인생의 황혼을 아름답게 장식함으로써 젊은 시절의 명예를 더욱 굳건하게 해야 하
는 동시에 젊은 날의 실패에 대해서는 명예를 회복하도록 해야 한다. 하루해가 저물
무렵의 저녁노을이 아름다운 것, 한 해가 저물어가는 가을철에 향기롭게 익어가는
과실에서 노년을 맞이하는 삶의 방식을 배울 필요가 있다.

총명과 재주를 함부로 드러내지 말라

鷹立如睡하고 虎行似病하나니 正是他攫人噬人手段處니라
응 립 여 수　　　　호 행 사 병　　　　정 시 타 확 인 서 인 수 단 처

故로 君子는 要聰明不露하고 才華不逞하나니
고　　 군 자　　요 총 명 불 로　　　재 화 불 령

纔有肩鴻任鉅的力量이니라
재 유 견 홍 임 거 적 역 량

매는 조는 듯 서 있고 범은 병든 듯 걸으니 이것이 곧 그것들이 사람
을 움켜잡고 물어뜯는 수단인 것이다. 그러므로 군자는 총명을 드러
내지도 말고 재주를 나타내지도 말아야 하니, 이것이 비로소 큰일을
짊어질 역량인 것이다.

검소와 겸손에도 중용이 있다

儉은 美德也나 過則爲慳吝하고 爲鄙嗇하여 反傷雅道하며
검   미덕야   과즉위간린   위비색   반상아도

讓은 懿行也나 過則爲足恭하고 爲曲謹하여 多出機心이니라
양   의행야   과즉위주공   위곡근   다출기심

검소와 절약은 아름다운 덕이지만 지나치면 인색하고 천박하여 도리
어 올바른 도리를 해치게 된다. 겸손과 양보는 아름다운 행실이지만
지나치면 비굴함과 아부가 되어 꾸미는 마음이 드러나게 된다.

 ## 변하지 않는 것은 없다

毋憂拂意하고 毋喜快心하며 毋恃久安하고 毋憚初難하라
무 우 불 의   무 희 쾌 심   무 시 구 안   무 탄 초 난

일이 뜻대로 되지 않는다고 근심하지 말고, 생각대로 잘된다고 기뻐
하지 말라. 오래도록 편안할 것이라고 믿지 말며, 처음에 어렵다고 꺼
리지 말라.

지나친 것 중에 올바른 것은 없다

飮宴之樂多는 不是個好人家요
음 연 지 락 다   불 시 개 호 인 가

聲華之習勝은 不是個好士子며
성 화 지 습 승   불 시 개 호 사 자

名位之念重은 不是個好臣士니라
명 위 지 념 중   불 시 개 호 신 사

술잔치의 즐거움이 잦으면 좋은 집안이라고 할 수 없고, 명성을 떨치기를 원하면 훌륭한 선비라 할 수 없으며, 높은 벼슬에 대한 집념이 강하면 어진 신하라 할 수 없다.

선비는 괴로움 속에서도 즐거움을 찾는다

世人은 以心肯處爲樂이라 却被樂心引在苦處하며
세인   이심긍처위락   각피락심인재고처

達士는 以心拂處爲樂이라 終爲苦心換得樂來니라
달사   이심불처위락   종위고심환득락래

세상 사람들은 마음에 맞는 것으로 즐거움을 삼아서 도리어 즐거운
마음에 이끌리어 괴로운 곳에 있게 되고, 통달한 선비는 마음에 어긋
나는 것으로도 즐거움을 삼아서 마침내 괴로운 마음이 즐거움으로
바뀌게 된다.

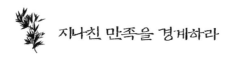

지나친 만족을 경계하라

居盈滿者는 如水之將溢未溢하여 切忌再加一滴하고
거 영 만 자　　여 수 지 장 일 미 일　　절 기 재 가 일 적

處危急者는 如木之將折未折하여 切忌再加一搦이니라
처 위 급 자　　여 목 지 장 절 미 절　　절 기 재 가 일 닉

모든 일이 만족할 만한 상태에 있는 사람은 물이 넘칠 듯 말 듯 하는
것과 같으니, 한 방울이라도 더하는 것을 깊이 삼가야 한다. 위험하고
절박한 상황에 있는 사람은 나무가 꺾일 듯 말 듯 하는 것과 같으니,
조금이라도 건드리는 것을 깊이 경계해야 한다.

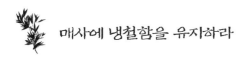
매사에 냉철함을 유지하라

冷眼觀人하고 冷耳聽語하며 冷情當感하고 冷心思理하라
냉 안 관 인　　 냉 이 청 어　　 냉 정 당 감　　 냉 심 사 리

냉철한 눈으로 사람을 보고, 냉철한 귀로 말을 들으며, 냉철한 감정으로 생각을 주관하고, 냉철한 마음으로 도리를 생각해야 한다.

해설

어떤 선입관이나 감정에 사로잡혀서 사람을 보거나 남의 말을 듣거나 사물이 풍기는 정서를 느끼거나 사물의 도리를 생각한다면 올바르고 정당한 것이 될 수 없다. 그러므로 되도록 냉정한 눈으로 사람을 관찰함으로써 그 사람의 인격과 기품을 정확하게 이해할 수 있도록 해야 할 것이요, 냉정한 자세로 남의 말을 들어야 그 사람이 하는 말의 의미를 정확하게 파악할 수가 있다. 또 냉정한 감정으로 사물을 접함으로써 그 상황에 가장 합당한 정서를 느낄 수 있으며, 냉정한 마음으로 사물의 도리를 생각함으로써 시비와 선악을 올바로 판별할 수 있는 것이다.

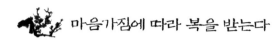 마음가짐에 따라 복을 받는다

仁人은 心地寬舒라 便福厚而慶長하여 事事成個寬舒氣象하고
인인　심지관서　변복후이경장　　사사성개관서기상

鄙夫는 念頭迫促이라 便祿薄而澤短하여 事事得個薄促規模일지니라
비부　염두박촉　변록박이택단　　사사득개박촉규모

어진 사람은 마음이 너그럽고 넉넉하여 복이 두텁고 좋은 일도 오래
가며 하는 일마다 너그러운 기상을 이루게 된다. 비천한 사람은 마음
이 좁고 급하여 복록도 박하고 은택도 짧으며 하는 일마다 옹졸한 모
양을 이루게 된다.

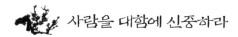 사람을 대함에 신중하라

聞惡이라도 不可就惡니 恐爲讒夫洩怒요
문 악   불 가 취 오   공 위 참 부 설 노

聞善이라도 不可急親이니 恐引奸人進身이니라
문 선   불 가 급 친   공 인 간 인 진 신

남의 악을 듣더라도 바로 미워하지 말라. 참소하는 자의 분풀이가 아
닐까 두렵다. 선하다는 말을 들을지라도 급하게 친해지지 말라. 간사
한 자의 출세를 이끌어 줌이 될까 두렵다.

해설

어떤 사람의 나쁜 점을 듣게 되더라도 바로 미워해서는 안 되니, 그 사람을 헐뜯으려는
자가 분풀이로 지어낸 것일 수도 있기 때문이다. 어떤 사람의 좋은 점을 듣게 되더라도
바로 가까이해서는 안 되니, 간사한 자들의 출세길을 열어줄 수도 있기 때문이다.

 마음을 부드럽게 하라

性燥心粗者는 一事無成이요 心和氣平者는 百福自集이니라
성 조 심 조 자   일 사 무 성   심 화 기 평 자   백 복 자 집

성격이 조급하고 마음이 거친 사람은 한 가지 일도 이루지 못하고,
마음이 부드럽고 기상이 평온한 사람은 온갖 복이 저절로 모여든다.

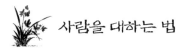 사람을 대하는 법

用人은 不宜刻이니 刻則思效者去하고
용 인　　불 의 각　　　각 즉 사 효 자 거

交友에는 不宜濫이니 濫則貢諛者來니라
교 우　　불 의 람　　　남 즉 공 유 자 래

사람을 부릴 때에는 너무 각박하게 대하지 말아야 하니, 너무 각박하면 열심히 일하려고 했던 사람이 떠나게 된다. 친구를 사귈 때에는 함부로 사귀지 말아야 하니, 함부로 아무나 사귀다 보면 아첨하는 자들이 모여들게 된다.

해설

『송사宋史』에 "의심이 나면 쓰지 말고, 썼으면 의심하지 말라疑勿用 用勿疑"는 말이 있다. 사람을 일단 썼으면 의심치 말고 모든 것을 믿고 맡겨 자발적으로 일할 수 있도록 여건을 갖추어 주는 것이 중요하다. 그렇지 못하고 의심을 하면서 이것저것 간섭하면 모두 떠나버리게 된다. 또 친구를 사귈 때는 그 사람의 됨됨이를 잘 파악하여 사귈 일이지, 마구 사귀다가는 음으로 양으로 큰 피해를 입을 수도 있을 것이다.

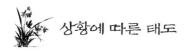

상황에 따른 태도

風斜雨急處에 要立得脚定하고
풍 사 우 급 처　　요 입 득 각 정

花濃柳艷處에 要着得眼高하며
화 농 유 염 처　　요 착 득 안 고

路危徑險處에 要回得頭早니라
노 위 경 험 처　　요 회 득 두 조

바람이 세차고 빗발이 사나운 곳에서는 다리를 튼튼히 세워야 하고,
꽃이 만발하고 능수버들이 아름다운 곳에서는 눈을 들어 높이 보아
야 하며, 길이 위태롭고 험한 곳에서는 머리를 빨리 돌려야 한다.

해설

비바람이 몰아치면 두 다리에 힘을 주어 버티고 서듯, 어지러운 역경에서는 정신을
가다듬어 침착하게 대응해야 한다. 꽃향기가 짙고 버들이 아름다운 곳에서는 한눈
팔기 쉬운 것처럼 음탕과 유흥에서 눈을 돌려 큰 목표를 향해 매진해야 한다. 험하고
위태로운 길에서는 곧 발길을 돌려야 하니 어물어물하다 보면 어려움에 깊이 빠지
게 된다.

절의와 공명 있는 사람이 갖추어야 할 것

節義之人은 濟以和衷이라야 纔不啓忿爭之路하고
절 의 지 인   제 이 화 충   재 불 계 분 쟁 지 로

功名之士는 承以謙德이라야 方不開嫉妬之門이니라
공 명 지 사   승 이 겸 덕   방 불 개 질 투 지 문

절의가 있는 사람은 온화한 마음을 길러야 비로소 성내고 다투는 길을 열지 않을 것이며, 공명을 누리는 사람은 겸손하고 양보하는 덕을 지녀야 바야흐로 질투의 문을 열지 않게 된다.

해설

절개와 의리를 지키는 사람은 자칫 지나치게 강직하여 남과 타협할 줄 모르기 쉬우니, 원만하고 온화한 마음을 지녀야 남과 다투는 길을 열지 않게 될 것이다. 공적과 명예를 지닌 사람은 오만하고 잘난 척하기 쉬우니, 겸손한 마음을 지녀야 질투의 문을 열지 않게 될 것이다.

지위에 따라 달라져야 할 자세

士大夫居官에 不可竿牘無節이니 要使人難見하여 以杜倖端이요
사 대 부 거 관　　불 가 간 독 무 절　　요 사 인 난 견　　이 두 행 단

居鄕엔 不可崖岸太高니 要使人易見하여 以敦舊好니라
거 향　　불 가 애 안 태 고　　요 사 인 이 견　　이 돈 구 호

선비가 관직에 있을 때는 편지 한 장을 쓰더라도 절도가 있어야 하니, 사람들이 보기 어렵게 하여 요행의 단서를 방지해야 하기 때문이다. 벼슬자리에서 물러나 시골에 있을 때는 지나치게 고고한 자세를 취하지 말아야 하니, 사람들이 자주 찾아와 옛정을 돈독하게 나눌 수 있게끔 해야 하기 때문이다.

윗사람도, 아랫사람도 두려워하라

大人은 不可不畏니 畏大人則無放逸之心하고
대인 불가불외 외대인즉무방일지심

小民도 亦不可不畏니 畏小民則無豪橫之名이니라
소민 역불가불외 외소민즉무호횡지명

대인을 두려워하지 않으면 안 되니, 대인을 두려워하면 방종한 마음
이 없어진다. 백성도 또한 두려워하지 않으면 안 되니, 백성을 두려워
한즉 교만하고 횡포하다는 오명을 남기지 않을 것이다.

해설

학문과 덕행이 뛰어난 어진 사람 앞에서는 자연히 머리가 숙여지게 마련이다. 대인
을 두려워하고 공경하게 되면 스스로도 알지 못하는 사이에 감화를 받아서 방종한
마음이 절로 사라지게 된다. 또한 백성은 나라의 근본이므로 두려워해야 한다. 백성
을 두려워하는 마음이 있으면 호기를 부리거나 횡포를 부리지 못하게 된다.

다른 사람의 처지에 비추어 생각하라

事稍拂逆에 便思不如我的人이면 則怨尤自消하고
사 초 불 역   변 사 불 여 아 적 인   즉 원 우 자 소

心稍怠荒에 便思勝似我的人이면 則精神自奮이니라
심 초 태 황   변 사 승 사 아 적 인   즉 정 신 자 분

일이 조금이라도 뜻대로 되지 않을 때는 나만 못한 사람을 생각하라.
그러면 원망이 저절로 사라지게 될 것이다. 마음이 조금이라도 게으
러질 때는 나보다 나은 사람을 생각하라. 그러면 정신이 저절로 분발
하게 될 것이다.

한때의 감정으로 행동하지 말라

不可乘喜而輕諾하고 不可因醉而生嗔하며
불 가 승 희 이 경 락   불 가 인 취 이 생 진

不可乘快而多事하고 不可因倦而鮮終하라
불 가 승 쾌 이 다 사   불 가 인 권 이 선 종

기쁨에 들떠 가벼이 승낙하지 말고, 술 취함으로 인해 화내지 말라.
유쾌함에 들떠 일을 많이 떠벌리지 말며, 고달프다고 해서 일의 마무
리를 소홀히 하지 말라.

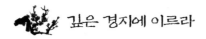 깊은 경지에 이르라

善讀書者는 要讀到手舞足蹈處라야 方不落筌蹄하고
선 독 서 자   요 독 도 수 무 족 도 처   방 불 락 전 제

善觀物者는 要觀到心融神洽時라야 方不泥迹象이니라
선 관 물 자   요 관 도 심 융 신 흡 시   방 불 니 적 상

글을 잘 읽는 사람은 글을 읽어 손이 춤추고 발이 뛰는 지경에 이르러야 바야흐로 통발과 올무에 떨어지지 않으며, 사물을 잘 관찰하는 사람은 사물을 관찰하여 마음과 정신이 융합하는 경지에 이르러야 바야흐로 바깥으로 나타난 형상에 얽매이지 않는다.

해설

글을 읽는 사람은 그 글 속에서 참뜻을 터득해야만 비로소 형식에 그침을 면한다. 예컨대 통발이나 올무 등 도구를 벌여놓기만 하고 실제로 물고기나 토끼를 얻지 못한다면 그것은 형식에 그칠 뿐 소득이 없는 것이다. 사람이 글을 읽어 참뜻을 터득했을 때는 춤이 절로 추어질 정도로 큰 기쁨을 느낀다. 사물을 관찰하는 것도 그 진상을 꿰뚫어보아 내 마음이 사물과 혼연일체를 이루었을 때 비로소 정확한 것이 되고, 외형에 구애받지 않게 된다.

하늘의 뜻을 알지 못하는 사람

天賢一人하여 以誨衆人之愚어늘
천 현 일 인   이 회 중 인 지 우

而世反逞所長하여 以形人之短하고
이 세 반 령 소 장   이 형 인 지 단

天富一人하여 以濟衆人之困이어늘
천 부 일 인   이 제 중 인 지 곤

而世反挾所有하여 以凌人之貧하나니 眞天之戮民哉로다
이 세 반 협 소 유   이 릉 인 지 빈   진 천 지 륙 민 재

하늘은 한 사람을 현명하게 하여 여러 사람의 어리석음을 깨우치게
하였는데, 세상에서는 도리어 자신의 잘하는 바를 으스대며 남의 모
자람을 들추어낸다. 하늘은 한 사람을 잘살게 하여 여러 사람의 곤궁
함을 건지게 하였는데 세상에서는 도리어 자신이 가진 것을 믿고 남
의 가난을 업신여긴다. 참으로 천벌을 받을 사람들이다.

어리석은 사람보다 조금 아는 사람과 함께하기 어렵다

至人은 何思何慮오
지인   하사 하려

愚人은 不識不知라 可與論學하고 亦可與建功이로되
우인   불식부지   가여론학   역가여건공

唯中才的人은 多一番思慮知識하여 便多一番億度猜疑하니
유중재적인   다일번사려지식   변다일번억탁시의

事事難與下手니라
사사난여하수

학문과 덕이 극치에 이른 사람이야 무엇을 생각하며 무엇을 근심하랴. 어리석은 사람은 지식도 생각도 없으니 오히려 함께 학문을 논하고 또 더불어 공을 세울 수가 있다. 다만 재주가 어중간한 사람은 제나름의 생각과 지식이 많아 억측과 시기도 많으니 매사에 함께 일하기가 어렵다.

입은 마음의 문이요, 뜻은 마음의 발이다

口乃心之門이니 守口不密이면 洩盡眞機하며
구 내 심 지 문　　　수 구 불 밀　　　설 진 진 기

意乃心之足이니 防意不嚴이면 走盡邪蹊니라
의 내 심 지 족　　　방 의 불 엄　　　주 진 사 혜

입은 마음의 문이니 입을 굳게 지키지 못하면 마음속의 비밀까지 누설하게 된다. 뜻은 마음의 발이니 뜻을 굳게 지켜내지 못하면 그릇된 길로 빠져들게 된다.

 ## 남에게는 관대하게, 자신에게는 엄하게 하라

責人者는 原無過於有過之中하면 則情平하고
책 인 자　　　원 무 과 어 유 과 지 중　　　즉 정 평

責己者는 求有過於無過之內하면 則德進이니라
책 기 자　　　구 유 과 어 무 과 지 내　　　즉 덕 진

남을 꾸짖는 사람은 허물이 있는 가운데서도 허물이 없음을 찾으면 마음이 평온할 것이요, 자신을 꾸짖는 사람은 허물이 없는 가운데서도 허물을 찾으면 덕이 자라날 것이다.

어린 시절부터 제대로 가르쳐야 한다

子弟者는 大人之胚胎요 秀才者는 士夫之胚胎니
자 제 자　대 인 지 배 태　수 재 자　사 부 지 배 태

此時에 若火力不到하여 陶鑄不純하면
차 시　약 화 력 부 도　도 주 불 순

他日에 涉世立朝하여 終難成個令器니라
타 일　섭 세 입 조　종 난 성 개 영 기

어린이는 어른의 씨앗이요, 수재는 사대부의 씨앗이다. 이때에 만약
화력이 부족하여 단련이 잘 되지 못하면 훗날 세상을 살아가거나 조
정에 서게 될 때에 끝내 훌륭한 인물이 되지 못한다.

군자가 세상을 대하는 법

君子는 處患難而不憂하고 當宴遊而惕慮하며
군 자   처 환 난 이 불 우   당 연 유 이 척 려

遇權豪而不懼하고 對悍獨而警心이니라
우 권 호 이 불 구   대 경 독 이 경 심

군자는 어려움에 처해서는 근심하지 않으나 즐거운 자리에서는 몸가
짐을 삼가며, 권세 있고 부유한 사람을 만나서는 두려워하지 않으나
외롭고 의지할 데 없는 사람에 대해서는 안타까워한다.

곱고 일찍 시드는 것보다 은은하게 오래가라

桃李雖艶이나 何如松蒼栢翠之堅貞하며
도 리 수 염　　　하 여 송 창 백 취 지 견 정

梨杏雖甘이나 何如橙黃橘綠之馨冽이리오
이 행 수 감　　　하 여 등 황 귤 록 지 형 렬

信乎라 濃夭는 不及淡久하며 早秀는 不如晚成也로다
신 호　　농 요　　불 급 담 구　　　조 수　　불 여 만 성 야

복숭아꽃과 오얏꽃이 비록 곱다 한들 어찌 저 푸른 소나무의 곧은 절
개만 할 수 있으며, 배와 살구가 비록 달다 한들 어찌 노란 유자와 푸
른 귤의 맑은 향기만 할 수 있겠는가. 진실로 알겠노라. 곱고 일찍 시
드는 것은 담박하고 오래가는 것만 못하며, 일찍 숙성하는 것은 늦게
이루어지는 것만 못한 것이다.

고요한 가운데 참된 모습을 안다

風恬浪靜中에 見人生之眞境하고
풍 념 랑 정 중　　견 인 생 지 진 경

味淡聲希處에 識心體之本然이니라
미 담 성 희 처　　식 심 체 지 본 연

세상 풍파가 걷혀 바람이 잔잔하고 물결이 고요한 가운데 인생의 참
된 경지를 볼 수 있고, 인간의 욕망을 떨쳐 맛이 담박하고 소리 드문
곳에서 마음의 본래 모습을 알 수 있다.

제2장

후집後集

산림 속에서 자연을 벗하며
한가롭게 세월을 보내는 즐거움을 주로 담았다.

後集

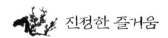 진정한 즐거움

談山林之樂者는 未必眞得山林之趣요
담 산 림 지 락 자　　미 필 진 득 산 림 지 취

厭名利之談者는 未必盡忘名利之情이니라
염 명 리 지 담 자　　미 필 진 망 명 리 지 정

산에서 사는 즐거움을 이야기하는 사람은 아직 산에서 사는 진정한 맛을 깨닫지 못한 것이요, 명예와 재물에 대한 이야기를 싫어하는 사람은 아직 명예와 재물에 대한 마음을 모두 잊지 못한 것이다.

해설

자연 속에 사는 즐거움을 찬양하는 사람은 아직도 자연 속의 진미를 깨닫지 못하고 있는 사람이다. 자연의 진실한 맛이란 말로 표현할 수 없는 경지이니 다만 그 속에서 즐거움을 누릴 수 있을 따름이다. 명리를 탐하는 것을 속되다 하여 이를 배격하고 싫어하는 사람 역시 아직도 통달한 경지에 도달하지 못한 것이다. 통달한 사람이라면 굳이 명리에 관심이 있고 없고가 없는 것이다. 그러므로 명리를 싫어한다고 말하는 사람은 아직도 명리에 미련이 있는 사람인 것이다.

즐거운 일도 일이 없음만은 못하다

釣水는 逸事也나 尙持生殺之柄하고
조 수　　일 사 야　　상 지 생 살 지 병

奕棊는 淸戲也나 且動戰爭之心하나니
혁 기　　청 희 야　　차 동 전 쟁 지 심

可見喜事는 不如省事之爲適하고
가 견 희 사　　불 여 생 사 지 위 적

多能은 不若無能之全眞이니라
다 능　　불 약 무 능 지 전 진

낚시질은 즐거운 일이지만 살리고 죽이는 일이 달려 있는 것이며, 바둑은 깨끗한 놀이지만 또한 전쟁하는 마음으로 움직이고 있다. 이로써도 알 수 있듯이, 일을 좋아함은 일을 덜어서 한가히 지냄만 못하고, 재능이 많음은 무능하여 본성을 온전히 함만 못하다.

해설

속세를 떠나서 한가하게 낚시질을 즐기는 것은 좋은 일이지만 그 속에는 고기를 살리고 죽이는 권력이 있으며, 바둑은 깨끗한 놀이기는 하나 그 속에는 쟁탈과 승부를 겨누는 전쟁의 마음이 움직이고 있다. 이러한 사실로 미루어 생각하건대, 일을 좋아하기보다는 되도록 일을 줄여서 한가하게 세상을 살아가는 것이 낫고, 다재다능하여 다방면으로 활동하느니보다는 차라리 무재무능하여 자기가 타고난 본성을 조금도 손상시키지 않고 온전히 유지해나가는 것이 나음을 알 수 있다.

사물의 참모습은 쇠한 뒤에야 나타난다

鶯花茂而山濃谷艶은 總是乾坤之幻境이요
앵 화 무 이 산 농 곡 염　　총 시 건 곤 지 환 경

水木落而石瘦崖枯는 纔是天地之眞吾니라
수 목 락 이 석 수 애 고　　재 시 천 지 지 진 오

꾀꼬리가 노래하고 꽃이 활짝 피어 온 산과 골짜기를 가득 채워도,
이 모두는 천지의 헛된 모습일 뿐이니, 계곡의 물이 마르고 나뭇잎이
떨어져 바위와 벼랑만이 앙상하게 드러나야 비로소 천지의 참모습을
볼 수 있다.

해설

봄의 아름다운 경관은 한때의 환상에 불과하며, 늦가을이 되어 물 마르고 나뭇잎 떨
어져 돌이 앙상하고 벼랑이 제 모습을 드러낼 때, 비로소 천지의 참모습을 볼 수 있
게 된다. 사람도 이와 마찬가지이다. 명예와 권세는 일시적인 것으로써, 그것이 쇠한
뒤에야 비로소 그 사람의 본바탕을 보게 되는 것이다.

세월은 길건만 사람이 짧게 여긴다

歲月은 本長이로되 而忙者自促하고
세 월　　본 장　　　이 망 자 자 촉

天地는 本寬이로되 而鄙者自隘하며
천 지　　본 관　　　이 비 자 자 애

風花雪月은 本閒이로되 而勞攘者自冗이니라
풍 화 설 월　　본 한　　　　이 로 양 자 자 용

세월은 본래 길건마는 서두르는 사람은 스스로 짧게 여기며, 하늘과 땅은 본래 넓건마는 야비한 사람은 스스로 좁게 여긴다. 자연은 본래 한가롭건마는 악착스러운 사람은 스스로 바쁘게 여긴다.

적은 것과 가까운 것에서 만족을 구하라

得趣不在多하니 盆池拳石間에 烟霞具足하고
득 취 부 재 다　　분 지 권 석 간　　연 하 구 족

會景不在遠하니 蓬窓竹屋下에 風月自賒니라
회 경 부 재 원　　봉 창 죽 옥 하　　풍 월 자 사

정취를 느끼기 위해 많은 것이 필요한 것은 아니니, 작은 연못이나
조그마한 돌에도 안개와 노을은 깃든다. 경치를 즐기기 위해 먼 데까
지 갈 필요는 없으니, 쑥으로 얽은 창과 대나무로 이은 집에도 바람
과 달빛은 넉넉하다.

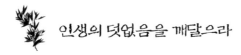

인생의 덧없음을 깨달으라

聽靜夜之鐘聲에 喚醒夢中之夢하며
청 정 야 지 종 성　환 성 몽 중 지 몽

觀澄潭之月影에 窺見身外之身이니라
관 징 담 지 월 영　규 견 신 외 지 신

고요한 밤의 종소리를 들으며 꿈속의 꿈을 불러 깨우고, 맑은 연못의
달그림자를 살피며 몸 밖의 몸을 엿본다.

해설

인생은 덧없는 것이다. 그같은 꿈속에 살면서도 욕정에 사로잡혀 또 허망한 꿈을 꾸
고 있으니 참으로 어리석다. 고요한 밤에 들려오는 종소리를 경종으로 생각하여, 그
허망한 꿈속에서 깨어나야 한다. 또한 인간의 본성은 하늘에서 받았으니 사람의 몸
안에는 우주의 본체가 들어 있는 셈이다. 사람은 이것을 잊고 부질없이 허망한 길로
달리고 있는데, 달빛이 맑은 연못 속에 비쳤을 때, 맑은 마음으로 돌아가 본성을 찾
아야 한다. 이 글은 허망한 꿈에서 깨어나 본성을 찾을 것을 강조하고 있다.

천지의 모든 것이 깨달음을 준다

鳥語蟲聲이 總是傳心之訣이요 花英草色이 無非見道之文이니
조 어 충 성   총 시 전 심 지 결   화 영 초 색   무 비 현 도 지 문

學者는 要天機淸澈하고 胸次玲瓏하면 觸物에 皆有會心處니라
학 자   요 천 기 청 철   흉 차 영 롱   촉 물   개 유 회 심 처

새의 지저귐, 벌레 소리는 모두가 마음에서 마음으로 전하는 비결이요, 꽃잎과 풀빛은 모두가 진리를 나타내는 문장이다. 배우는 사람이 타고난 마음을 맑게 하고, 가슴속을 영롱하게 하면 사물을 대함에 있어 모두 깨닫는 바가 있을 것이다.

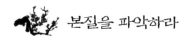 본질을 파악하라

人이 解讀有字書로되 不解讀無字書하며
인   해독유자서   불해독무자서

知彈有絃琴이로되 不知彈無絃琴하나니
지탄유현금   부지탄무현금

以跡用하고 不以神用이니 何以得琴書之趣리오
이적용   불이신용   하이득금서지취

사람들은 글자 있는 책은 읽을 줄 알지만 글자 없는 책은 읽을 줄 모르고, 줄 있는 거문고는 타지만 줄 없는 거문고는 타지 못한다. 형체에만 사로잡혀 정신을 쓸 줄 모르니 어찌 거문고와 책의 참맛을 알겠는가.

해설

책이나 거문고는 사람의 마음을 나타내기 위한 수단이요, 도구다. 책 속에 있는 글자가 중요한 것이 아니라 글자를 통해서 읽을 수 있는 마음과 정신이 중요하며, 거문고의 줄이 중요한 것이 아니라 그것을 통해 나타내는 마음과 정신을 파악하는 것이 중요하다. 그러므로 사람은 언어나 문자를 매개로 하지 않고 마음이나 정신의 진수를 직각적으로 체득할 수 있어야 하고, 귀에 들리는 소리가 없더라도 마음의 동태나 정신의 움직임을 똑똑히 볼 수 있어야만 한다. 감성적인 인식을 초월한 본질적이고 직관적인 인식방법으로 진리의 정체를 파악할 수 있어야 한다.

물욕 없는 마음은 잔잔한 바다와 같다

心無物欲이면 卽是秋空霽海요
심 무 물 욕　　　즉 시 추 공 제 해

坐有琴書면 便成石室丹丘니라
좌 유 금 서　　　변 성 석 실 단 구

마음에 물욕이 없으면 이는 곧 가을 하늘과 잔잔한 바다요, 곁에 거
문고와 책이 있으면 이는 곧 신선이 머무르는 곳이다.

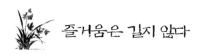

즐거움은 길지 않다

賓朋이 雲集하여 劇飮淋漓樂矣다가
빈 붕　운 집　　극 음 임 리 락 의

俄而漏盡燭殘하고 香銷茗冷하면
아 이 누 진 촉 잔　　향 소 명 랭

不覺反成嘔咽하여 令人索然無味라
불 각 반 성 구 열　　영 인 삭 연 무 미

天下事率類此어늘 人奈何不早回頭也리오
천 하 사 솔 유 차　　인 내 하 부 조 회 두 야

손님과 벗이 구름처럼 모여들어 실컷 마시고 마음껏 노는 것은 즐거
우나, 어느 새 시간이 다하여 촛불이 가물거리고 향내음도 사라지고
차도 식으면, 저도 모르게 즐거움이 흐느낌으로 변하여 사람을 쓸쓸
하게 한다. 세상만사가 다 이와 같거늘 사람들은 왜 빨리 머리를 돌
리려고 하지 않는가.

해설

한무제漢武帝가 분하汾河에서 신하들과 연회를 열었을 때, 즉흥적으로 지었다는 『추
풍사秋風辭』의 하반절에는 "퉁소 불고 북 치며 뱃노래 부르는데 즐거움 다하니 애달
픈 정 많아진다. 젊은 날 얼마나 되리! 늙어감을 어이하랴"라는 내용이 있다. 이 예감
은 적중하여 무제 만년에는 재정이 궁핍해졌고, 한제국은 흔들렸다. 지나치게 환락
을 추구하면 후회가 뒤따르기 마련이다.

천지의 흐름을 새겨두라

會得個中趣면 五湖之烟月이 盡入寸裡하고
회 득 개 중 취   오 호 지 연 월   진 입 촌 리

破得眼前機면 千古之英雄이 盡歸掌握이니라
파 득 안 전 기   천 고 지 영 웅   진 귀 장 악

자연 속에 깃들어 있는 참된 맛을 깨달으면 오호의 경치도 모두 마음
속에 들어오게 되고, 눈앞에 일어나는 천지조화의 작용을 깨달으면
천고의 영웅이 모두 내 손 안에 있게 된다.

해설

천지 자연 속의 정취를 체득한다면 가보지 않아도 오호五胡의 풍경이 절로 마음속에
들어온다. 눈앞에 펼쳐져 있는 소장성쇠消長盛衰의 기틀을 명확하게 파악할 수 있다
면 천고의 영웅도 마음대로 다스릴 수 있다. 천지 자연의 도리에 밝으면 모든 문제는
저절로 해결된다.

인간은 아주 작은 존재에 불과하다

山河大地도 已屬微塵이어늘 而況塵中之塵이리오
산하대지　　이속미진　　　이황진중지진

血肉身軀도 且歸泡影이어늘 而況影外之影이리오
혈육신구　　차귀포영　　　이황영외지영

非上上智면 無了了心이니라
비상상지　　무료료심

산하와 대지도 작은 티끌에 속하거늘, 하물며 티끌 속의 티끌이랴!
사람의 육신도 또한 물거품과 그림자로 돌아가거늘, 하물며 그림자
밖의 그림자랴! 그러나 탁월한 지혜를 가진 이가 아니면 이 진리를
분명히 깨닫지 못할 것이다.

부질없는 것을 두고 다투는 세상

石火光中에 爭長競短하니 幾何光陰이며
석 화 광 중　　쟁 장 경 단　　　기 하 광 음

蝸牛角上에 較雌論雄하니 許大世界아
와 우 각 상　　교 자 론 웅　　　허 대 세 계

부싯돌이 번쩍하는 짧은 불꽃 속에서 길고 짧음을 다툰들 그 세월이
얼마나 되며, 달팽이의 뿔 위에서 자웅을 겨룬들 그 세계가 얼마나
크리오.

해설

인생은 전광석화電光石火와 같이 순간적인 것이다. 이와 같이 짧은 인생을 조금 더
살겠다고 아귀다툼하지만 오래 산들 얼마나 더 오래 사는 것인가. 이 세상이 넓다 한
들 달팽이 뿔 위만큼이나 좁은 곳이다. 이러한 곳에서 서로 남보다 잘살아 보겠다고
약육강식의 무자비한 생존경쟁을 치열하게 벌이고 있건만 승자가 된들 얼마나 큰
부귀영화를 누릴 것인가.

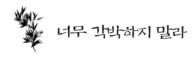

너무 각박하지 말라

寒燈無焰하고 敝裘無溫은 總是播弄光景이요
한 등 무 염   폐 구 무 온   총 시 파 롱 광 경

身如槁木하고 心似死灰는 不免墮在頑空이니라
신 여 고 목   심 사 사 회   불 면 타 재 완 공

가물거리는 등잔에 불꽃이 없고 떨어진 갓옷에 따스함이 없음은 모
두 삭막한 광경이요, 몸이 마른 나무 같고 마음이 식은 재 같음은 완
공에 떨어짐을 면하지 못한다.

해설

금방 꺼지려 하는 등잔불에는 불꽃이 없고 떨어진 갓옷에는 따스함이 없듯이, 사람
의 생활이 너무 담박해도 삭막하기 짝이 없다. 몸이 마른 나무와도 같고 마음이 식은
재와도 같이 되어 아무런 감각도 없는 상태에 이른다면, 비록 도를 깨달았다 하더라
도 완공頑空에 떨어짐을 면하지 못한다. 완공이란 육체도 정신도 모두 완전히 비어
있음을 말하는 것으로서, 만일 이같은 상태라면 무엇으로 세상 사람을 구제하는 도
의 실천을 행할 수 있겠는가.

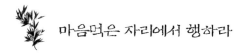
마음먹은 자리에서 행하라

人肯當下休면 便當下了나
인 긍 당 하 휴   변 당 하 료

若要尋個歇處면 則婚嫁雖完이라도 事亦不少하나니
약 요 심 개 헐 처   즉 혼 가 수 완   사 역 불 소

僧道雖好나 心亦不了니라
승 도 수 호   심 역 불 료

前人이 云하되 如今休去면 便休去라 若覓了時면 無了時라 하니
전 인   운   여 금 휴 거   변 휴 거   약 멱 료 시   무 료 시

見之卓矣로다
견 지 탁 의

사람이 당장 번뇌를 쉴 생각을 했으면 곧 그 자리에서 쉴지어다. 만약 쉴 곳을 찾으려 한다면 비록 아들과 딸을 시집, 장가 보내는 일이 끝났다 하더라도 일이 또한 적잖이 남을 것이다. 승려와 도사가 비록 좋다고 하나 그런 마음으로는 세속의 마음이 또한 끝나지 않는다. 옛사람이 이르기를 "이제 쉬려거든 바로 가서 쉬라. 만약 끝날 때를 찾는다면 끝이 없으리라" 했으니, 참으로 밝은 견해로다.

한가한 즐거움이라야 오래간다

從冷視熱然後에 知熱處之奔走無益하고
종 냉 시 열 연 후　지 열 처 지 분 주 무 익

從冗入閒然後에 覺閒中之滋味最長이니라
종 용 입 한 연 후　각 한 중 지 자 미 최 장

차분한 상태에서 열광하던 때를 생각해야 흥분하던 때의 분주함이
무익했음을 알게 되고, 번잡한 곳에서 한가한 곳에 자리한 뒤에야 한
가한 즐거움이 가장 오래감을 깨닫게 된다.

 ## 시 한 수의 즐거움은 알아라

有浮雲富貴之風이라도 而不必嚴棲穴處하며
유 부 운 부 귀 지 풍　　이 불 필 암 서 혈 처

無膏肓泉石之癖이라도 而常自醉酒耽詩니라
무 고 황 천 석 지 벽　　이 상 자 취 주 탐 시

부귀를 뜬구름처럼 여긴다 하더라도 굳이 산속에 파묻혀 수양할 필
요가 없고, 자연에 심취하는 경지가 아니더라도 시 한 수는 즐길 줄
알아야 한다.

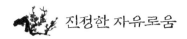 진정한 자유로움

競逐은 聽人而不嫌盡醉하고 恬淡은 適己而不誇獨醒이니라
경 축　 청 인 이 불 혐 진 취　　 염 담　 적 기 이 불 과 독 성

此釋氏所謂不爲法纏하고 不爲空纏하여 身心이 兩自在者니라
차 석 씨 소 위 불 위 법 전　　 불 위 공 전　　 신 심　 양 자 재 자

명예와 이득의 다툼은 다른 사람에게 맡기되 모두가 거기에 빠져도
미워하지 말고, 고요하고 담박함은 내가 즐기되 홀로 깨어 있는 것을
자랑하지 말라. 이는 이른바 부처님의 '법에도 매이지 않고 공에도 매
이지 않는 것'으로 몸과 마음이 모두 자유로운 것이다.

매사가 마음먹기에 달렸다

延促은 由於一念하고 寬窄은 係之寸心이니라
연촉   유어일넘   관착   계지촌심

故로 機閒者는 一日도 遙於千古하고
고   기한자   일일   요어천고

意廣者는 斗室도 寬若兩間이니라
의광자   두실   관약양간

시간의 길고 짧음은 생각하기 나름이고 공간의 좁고 넓음은 마음먹기에 달렸다. 그러므로 마음이 여유로운 사람은 하루를 천년보다 길게 느끼고, 마음이 넓은 사람은 좁은 방도 하늘과 땅 사이만큼 넓게 여긴다.

욕심이 없으면 부러울 것이 없다

損之又損하여 栽花種竹하니 儘交還烏有先生이요
손 지 우 손   재 화 종 죽   진 교 환 오 유 선 생

忘無可忘하며 焚香煮茗하니 總不問白衣童子라
망 무 가 망   분 향 자 명   총 불 문 백 의 동 자

욕심을 덜고 덜어 꽃 가꾸고 대나무 심으니 오유선생 되어 가고, 세
상일 잊고 잊어 향 피우고 차 끓이니 백의동자 무엇하리.

해설

오유선생烏有先生은 사마상여司馬相如의 『자허부子虛賦』에 등장하는 가공인물의 이
름으로, 오유烏有는 '어찌 ~이 있으랴?'라는 풍자적인 의미를 지니고 있다. 이 이름
에서 알 수 있듯이 아무것도 가질 필요가 없다는 소탈한 정취를 지닌 까닭에, 여기에
서는 일체의 물질적 욕망이 없는 마음의 상태를 가리키고 있다. 백의동자白衣童子는
하얀 옷을 입은 심부름꾼으로 보통 술을 전해주는 심부름꾼을 말한다. 여기서는 사
물에 대해 묻지 않는, 개의치 않는 마음의 상태를 가리키고 있다.

만족을 알면 진정한 즐거움이 온다

都來眼前事는 知足者仙境이요 不知足者凡境이며
도 래 안 전 사　　지 족 자 선 경　　　부 지 족 자 범 경

總出世上因은 善用者生機요 不善用者殺機니라
총 출 세 상 인　　선 용 자 생 기　　　불 선 용 자 살 기

눈앞의 모든 일을 만족할 줄 알면 신선의 경지요, 만족할 줄 모르면
세속의 경지이다. 세상에 나타나는 모든 인연을 잘 쓰면 살리는 기틀
이 되고, 잘못 쓰면 죽이는 기틀이 된다.

해설

눈앞에 닥치는 모든 일에 대하여 분수를 알아 만족하게 여기면 그것이 바로 선경仙
境이요, 즐겁지만 만족할 줄 모르면 오히려 괴롭다. 세상에 나타나는 모든 사단事端
은 잘 활용하면 사람과 사물을 이롭게 하는 생기가 되지만, 잘못 활용하면 해치는 살
기가 된다. 사람의 괴로움은 그 끝없는 욕심에 있다. 그러므로 자기 분수에 맞게 만
족할 줄 안다면 마음이 항상 즐겁다.

권력은 짧고 편안함은 오래간다

趨炎附勢之禍는 甚慘亦甚速하고
추 염 부 세 지 화   심 참 역 심 속

棲恬守逸之味는 最淡亦最長이니라
서 념 수 일 지 미   최 담 역 최 장

권력을 따르고 세도에 빌붙는 재앙은 매우 참혹하고 몹시 빠르며, 고
요함에 살고 편안함을 지키는 맛은 가장 담박하고 가장 오래간다.

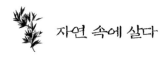
자연 속에 살다

松澗邊에 携杖獨行하면 立處에 雲生破衲하고
송 간 변　휴 장 독 행　　입 처　운 생 파 납

竹窓下에 枕書高臥면 覺時에 月侵寒氈이니라
죽 창 하　침 서 고 와　각 시　월 침 한 전

소나무 우거진 시냇가를 지팡이 짚고 홀로 걷노라면 문득 서는 곳마
다 해어진 옷에서 구름이 일어나고, 대나무 울창한 창가에 책을 베개
삼아 잠들다 깨어 보면 낡은 담요에 달빛이 스며든다.

해설

소나무 무성한 시냇가를 지팡이 짚고 거니노라면 구름이 옷소매에서 일어나는 것
같고, 대나무 창가에 책을 베개 삼아 편안히 누워 자다가 깨어 보면 휘영청 달빛이
담요 위를 비춘다. 속세를 떠나 산수 사이에서 수도생활을 하는 한가로운 모습을 그
리고 있다.

죽음 앞에선 모두 무의미하다

色慾이 火熾라도 而一念及病時면 便興似寒灰하고
색욕　화치　　이일념급병시　변흥사한회

名利飴甘이라도 而一想到死地면 便味如嚼蠟하나니
명리이감　　이일상도사지　변미여작랍

故로 人常憂死慮病이면 亦可消幻業而長道心이니라
고　인상우사려병　　역가소환업이장도심

색욕이 불길처럼 치솟다가도 한번 병이 든 생각을 하게 되면 곧 그
흥이 식은 재 같아지고, 명리가 엿처럼 달다고 해도 생각이 죽음에
이르게 되면 그 맛이 밀랍을 씹는 것 같아진다. 그러므로 사람이 늘
죽음을 걱정하고 병을 조심하면 헛된 일을 버리고, 참마음을 기를 수
있게 된다.

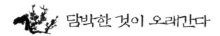 ## 담박한 것이 오래간다

爭先的徑路는 窄이니 退後一步면 自寬平一步하고
쟁선적경로　　착　　　퇴후일보　　자관평일보

濃艷的滋味는 短이니 淸淡一分하면 自悠長一分이니라
농염적자미　　단　　　청담일분　　　자유장일분

앞을 다투는 길은 좁으니 한 걸음 물러나면 그만큼 넓어지고, 진하고
기름진 맛은 금방 싫증나니 조금 맑고 담박하면 그만큼 오래간다.

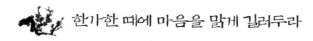 ## 한가한 때에 마음을 맑게 길러두라

忙處에 不亂性이면 須閒處에 心神을 養得淸하며
망처　　불란성　　　수한처　　심신　　양득청

死時에 不動心이면 須生時에 事物을 看得破하라
사시　　부동심　　　수생시　　사물　　간득파

바쁠 때에 본성을 어지럽히지 않으려면 한가할 때에 마음을 맑게 길
러두어야 하고, 죽음을 앞두고 마음이 흔들리지 않으려면 살아 있을
때에 사물의 이치를 깨달아야 한다.

도의에는 변덕이 없다

隱逸林中에는 無榮辱이요 道義路上에는 無炎凉이니라
은 일 림 중　　　무 영 욕　　도 의 로 상　　　무 염 량

속세를 떠나 자연에 은거하는 삶에는 영화도 욕됨도 없고, 도의에 따른 삶에는 변덕스런 세속의 인정이 없다.

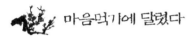

마음먹기에 달렸다

熱不必除나 而除此熱惱하면 身常在淸凉臺上하고
열 불 필 제　　이 제 차 열 뇌　　　신 상 재 청 량 대 상

窮不可遣이나 而遣此窮愁하면 心常居安樂窩中이니라
궁 불 가 견　　이 견 차 궁 수　　　심 상 거 안 락 와 중

더위를 없앨 수는 없으나 더위를 괴로워하는 마음을 없앤다면 몸은 늘 시원한 누대 위에 있게 된다. 가난을 떨칠 수는 없으나 가난함을 근심하는 마음을 몰아낸다면 마음은 늘 편안하고 즐거운 집 속에 있게 된다.

시작할 때에 물러날 것을 생각하라

進步處에 便思退步하면 庶免觸藩之禍요
진 보 처　　　 변 사 퇴 보　　　 서 면 촉 번 지 화

著手時에 先圖放手하면 纔脫騎虎之危니라
착 수 시　　 선 도 방 수　　　 재 탈 기 호 지 위

한걸음 나아갈 때에 한걸음 물러설 것을 염두에 두면 뿔이 울타리에
걸리는 재난을 면할 것이요, 일을 시작할 때에 먼저 손을 뗄 것을 도
모해 두면 비로소 호랑이 등을 타는 위험에서 벗어날 것이다.

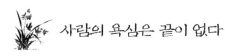

사람의 욕심은 끝이 없다

貪得者는 分金에 恨不得玉하고
탐 득 자　분 금　한 부 득 옥

封公에 怨不受侯하여 權豪自甘乞丏하며
봉 공　원 불 수 후　　권 호 자 감 걸 개

知足者는 黎羹도 旨於膏粱하고
지 족 자　여 갱　지 어 고 량

布袍도 煖於狐貉하여 編民不讓王公이니라
포 포　난 어 호 학　　편 민 불 양 왕 공

욕심이 많은 사람은 금을 나누어 주면 옥을 얻지 못함을 한탄하고
공작에 봉해지면 제후가 되지 못함을 원망하니, 권세 있고 부유하면
서도 스스로 거지 노릇을 달게 여기는 격이다. 만족할 줄 아는 사람
은 명아주 국도 고기와 쌀밥보다 맛있게 여기고 거친 베옷도 털옷보
다 따뜻하게 여기니, 평범한 백성이라도 황후귀족을 부러워하지 않
게 된다.

능숙한 것도 한가로움만은 못하다

矜名은 不若逃名趣라 練事가 何如省事閒이리오
긍 명   불 약 도 명 취   연 사   하 여 생 사 한

이름을 자랑하는 것은 이름을 숨기는 멋만 같지 못하고, 일에 익숙한
것은 일을 덜어 한가롭게 지내는 것만 못하다.

진정한 선비만이 자유로움을 얻는다

嗜寂者는 觀白雲幽石而通玄하고 趨榮者는 見淸歌妙舞而忘倦하니
기 적 자   관 백 운 유 석 이 통 현   추 영 자   견 청 가 묘 무 이 망 권

唯自得之士라야 無喧寂하고 無榮枯하여 無往非自適之天이니라
유 자 득 지 사   무 훤 적   무 영 고   무 왕 비 자 적 지 천

고요함을 즐기는 사람은 흰 구름이나 기이한 암석을 보면서 현묘한
이치를 깨닫고, 영리를 좇는 사람은 맑은 노래와 아름다운 춤을 즐기
면서 피로를 잊는다. 오직 스스로 도를 깨달은 선비만이 시끄러움이
나 고요함, 번영함과 쇠퇴함에 대한 미련이 없는 까닭에, 어느 곳이나
자유로운 세상 아님이 없다.

구름처럼, 달처럼 살아라

孤雲은 出岫하여 去留에 一無所係하고
고운　출수　　거류　일무소계

郎鏡은 懸空하여 靜躁에 兩不相干이니라
낭경　현공　　정조　양불상간

한 조각 구름은 골짜기에서 피어나매 가고 머무름에 있어 얽매임이
없고, 밝은 달은 하늘에 걸리매 조용하고 시끄러움을 서로 상관치 않
는다.

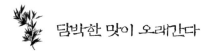

담박한 맛이 오래간다

悠長之趣는 不得於醲釅하고 而得於啜菽飲水하며
유장지취   부득어농엄   이득어철숙음수

惆悵之懷는 不生於枯寂하고 而生於品竹調絲하나니
추창지회   불생어고적   이생어품죽조사

固知濃處味常短하고 淡中趣獨眞也로다
고지농처미상단   담중취독진야

유유히 긴 맛은 짙고 향기로운 술에서 얻지 못하고 콩을 씹고 물을
마시는 데서 얻으며, 그립고도 정다운 생각은 메마르고 쓸쓸한 곳에
서 생기지 않고 퉁소를 불고 거문고를 뜯는 데서 생겨난다. 진실로
알겠노라. 짙은 맛은 오래가지 못하며, 담박한 맛만이 홀로 참된 것이
로다.

지극히 큰 것은 지극히 평범한 것에 있다

禪宗에 曰 饑來喫飯倦來眠이라 하고
선종　왈 기 래 끽 반 권 래 면

詩旨에 曰 眼前景致口頭語라 하니
시 지　왈 안 전 경 치 구 두 어

蓋極高는 寓於極平하고 至難은 出於至易하여
개 극 고　우 어 극 평　지 난　출 어 지 이

有意者는 反遠하며 無心者는 自近也니라
유 의 자　반 원　무 심 자　자 근 야

불교의 선에 이르기를 "배고프면 밥을 먹고 고단하면 잠을 잔다"고
했다. 또한 시지에 이르기를 "눈앞의 경치를 평범하게 쓰던 말로 표
현하라"고 했다. 지극히 높은 것은 지극히 평범한 것에 깃들어 있고,
지극히 어려운 것은 지극히 쉬운 데서 나오는 법이니, 뜻이 있으면
오히려 멀어지고 마음에 두지 않으면 절로 가까워진다.

산이 높아도 구름은 걸리지 않는다

水流而境無聲하니 得處喧見寂之趣요
수 류 이 경 무 성　　득 처 훤 견 적 지 취

山高而雲不碍하니 悟出有入無之機니라
산 고 이 운 불 애　　오 출 유 입 무 지 기

물은 소리 내어 흐르나 사방이 고요하니, 소란함 속에서 고요함을 깨
닫는 정취를 얻을 것이요, 산이 높아도 구름은 거리낌 없이 흘러가니
유심에서 무심으로 들어가는 이치를 깨달을 것이다.

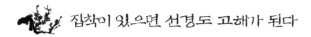 집착이 있으면 선경도 고해가 된다

山林은 是勝地나 一營戀하면 便成市朝하고
산림　시승지　일영련　　변성시조

書畵는 是雅事나 一貪痴하면 便成商賈하나니
서화　시아사　일탐치　변성상고

蓋心無染著이면 欲界도 是仙都요
개심무염착　　욕계　시선도

心有係戀이면 樂境도 成苦海矣니라
심유계연　　낙경　성고해의

산과 숲은 아름다운 곳이나 한번 현혹하여 집착하면 곧 시장판이 되고, 글과 그림은 운치 있는 것이지만 한번 탐내어 혹하게 되면 장사꾼이 된다. 대개 마음이 속세에 물들지 않으면 속세도 곧 선경이고 마음에 집착이 있으면 선경도 곧 고해가 된다.

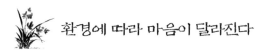

환경에 따라 마음이 달라진다

時當喧雜하면 則平日所記憶者도 皆漫然忘去하고
시 당 훤 잡   즉 평 일 소 기 억 자   개 만 연 망 거

境在淸寧하면 則夙昔所遺忘者도 又恍爾現前하나니
경 재 청 녕   즉 숙 석 소 유 망 자   우 황 이 현 전

可見靜躁稍分이라도 昏明頓異也로다
가 견 정 조 초 분   혼 명 돈 이 야

시끄럽고 번잡한 때를 당하면 평소에 기억한 것도 멍하니 잊어버리고, 맑고 고요한 경지에 있으면 지난날에 잊었던 것도 뚜렷하게 앞에 나타나나니, 이것으로 고요함과 시끄러움이 조금만 나누어져도 마음의 어둡고 밝음이 크게 달라짐을 알게 될 것이다.

해설

주위가 소란스러우면 마음이 어지러워져서 평소에 기억했던 것도 까맣게 잊어버리고, 고요하면 옛날에 잊었던 것까지도 생각난다. 이와 같이 시끄럽거나 고요한 것이 사람의 마음에 미치는 영향은 매우 크다. 그러므로 늘 마음을 고요하고 밝게 가지는 일에 힘써야 하겠다.

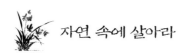 ## 자연 속에 살아라

蘆花被下에 臥雪眠雲하면 保全得一窩夜氣하고
노 화 피 하   와 설 면 운   보 전 득 일 와 야 기

竹葉杯中에 吟風弄月하면 躲離了萬丈紅塵이니라
죽 엽 배 중   음 풍 농 월   타 리 료 만 장 홍 진

갈대꽃 이불을 덮고 눈 위에 누워 구름을 보고 잠들지라도 한 칸 방의 맑은 기운을 다 누릴 수 있고, 대나무 잎 비친 술잔 기울이고 바람에 시를 읊조리며 달과 노닐 수 있다면 번잡한 속세를 벗어날 것이다.

짙은 것은 담박한 것만 못하다

袞冕行中에 著一藜杖的山人이면 便增一段高風하고
곤 면 행 중   저 일 려 장 적 산 인   변 증 일 단 고 풍

漁樵路上에 著一袞衣的朝士면 轉添許多俗氣하니
어 초 로 상   저 일 곤 의 적 조 사   전 첨 허 다 속 기

固知濃不勝淡하고 俗不如雅也로다
고 지 농 불 승 담   속 불 여 아 야

높은 벼슬아치 일행 가운데 명아주 지팡이를 짚은 은자가 한 사람 있
으면 한결 고상한 풍취를 더하고, 고기잡이와 나무꾼이 다니는 길 위
에 비단옷 입은 고관이 한 사람 있으면 속된 기운이 더한다. 이로써
보건대 짙은 것은 담박한 것만 못하고, 속된 것은 고상한 것만 못함
을 알겠노라.

모든 것이 마음먹기에 달렸다

出世之道는 卽在涉世中이니 不必絶人以逃世하고
출 세 지 도   즉 재 섭 세 중   불 필 절 인 이 도 세

了心之功은 卽在盡心內니 不必絶欲以灰心이니라
요 심 지 공   즉 재 진 심 내   불 필 절 욕 이 회 심

속세를 벗어나는 길은 곧 세상을 살아가는 가운데 있으니, 반드시 사
람과 인연을 끊어서 세상을 피할 필요는 없으며, 마음을 깨닫는 공부
는 마음을 다하는 속에 있으니 반드시 욕심을 끊어서 마음을 식은 재
처럼 만들 필요는 없다.

흔들리지 않는 마음

此身을 常放在閒處면 榮辱得失로 誰能差遣我하며
차 신   상 방 재 한 처   영 욕 득 실   수 능 차 견 아

此心을 常安在靜中이면 是非利害로 誰能瞞昧我리오
차 심   상 안 재 정 중   시 비 이 해   수 능 만 매 아

이 몸을 늘 한가한 곳에 둔다면 영욕과 득실로 그 누가 나를 부릴 수
있으리오. 이 마음을 늘 평온함 가운데 둔다면 시비와 이해로 그 누
가 나를 속일 수 있으리오.

한가로운 가운데 깨달음을 얻다

竹籬下에 忽聞犬吠鷄鳴이면 恍似雲中世界요
죽 리 하   홀 문 견 폐 계 명   황 사 운 중 세 계

芸窓中에 雅聽蟬吟鴉噪면 方知靜裡乾坤이니라
운 창 중   아 청 선 음 아 조   방 지 정 리 건 곤

대나무 울타리 밑에서 홀연히 개 짖고 닭 우는 소리를 듣노라면 마치
구름 속 신선의 세계에 있는 듯 황홀하고, 서재 안에서 매미 울고 까
마귀 지저귀는 소리를 듣노라면 바야흐로 고요 속의 별천지임을 알
게 된다.

욕심이 없으면 근심도 없다

我不希榮이면 何憂乎利祿之香餌하며
아 불 희 영   하 우 호 이 록 지 향 이

我不競進이면 何畏乎仕官之危機리오
아 불 경 진   하 외 호 사 관 지 위 기

내가 부귀영화를 바라지 않으니 어찌 이익과 봉록의 달콤한 미끼를
근심하며, 내가 나아감을 다투지 않으니 어찌 벼슬살이의 위태로움
을 두려워하리오.

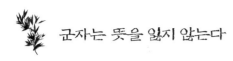

군자는 뜻을 잃지 않는다

徜徉於山林泉石之間하면 而塵心漸息하고
상 양 어 산 림 천 석 지 간　　이 진 심 점 식

夷猶於詩書圖畵之內하면 而俗氣潛消하나니
이 유 어 시 서 도 화 지 내　　이 속 기 잠 소

故로 君子는 雖不玩物喪志나 亦常借境調心이니라
고　 군 자　 수 불 완 물 상 지　　역 상 차 경 조 심

숲속과 샘, 바위 사이를 거니노라면 때 묻은 마음은 어느새 사라지고,
책과 그림 속에 노니노라면 속된 기운은 절로 없어진다. 그러므로 군
자는 사물에 빠져도 본뜻을 잃지 않을 뿐더러 또한 늘 그윽한 경지를
빌어 마음을 바르게 하는 것이다.

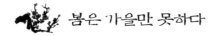 봄은 가을만 못하다

春日은 氣象이 繁華하여 令人心神駘蕩이나
춘 일   기 상   번 화   영 인 심 신 태 탕

不若秋日의 雲白風淸하고 蘭芳桂馥하며
불 약 추 일   운 백 풍 청   난 방 계 복

水天一色으로 上下空明하여 使人神骨俱淸也니라
수 천 일 색   상 하 공 명   사 인 신 골 구 청 야

봄날은 화창하여 사람의 몸과 마음을 들뜨고 즐겁게 하지만 가을날 흰구름과 맑은 바람 속에 난초는 아름답고 계수나무는 향기로우며, 물과 하늘이 온통 한 가지 빛이고 천지에 달이 환히 밝아 사람의 심신을 모두 맑게 하는 것만 하겠는가.

해설

봄날은 바람 따뜻하고 날이 화창하여 만물이 약동하고 꽃피고 새 우는 등 기상이 난만하여 사람을 즐겁게 하지만, 한편으로는 사람의 마음을 유혹하여 번뇌를 일으키고 애수에 젖게 만들기도 한다. 그러나 가을날은 흰 구름, 맑은 바람, 맑게 갠 하늘과 한 빛이 되는 맑은 물 등을 볼 수 있는데 이는 운치가 그윽하고도 맑아 사람의 정신과 육신을 모두 깨끗하게 만든다. '속인은 봄을 즐기지만 철인哲人은 가을을 즐긴다'는 말이 있는 것처럼 이 글에서는 봄의 화창함보다는 가을의 청정을 높이 평가했다고 볼 수 있다.

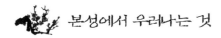 본성에서 우러나는 것

一字不識이라도 而有詩意者는 得詩家眞趣요
일 자 불 식　　　이 유 시 의 자　　득 시 가 진 취

一偈不參이라도 而有禪味者는 悟禪敎玄機니라
일 게 불 참　　　이 유 선 미 자　　오 선 교 현 기

글자를 모를지라도 시심을 지닌 이는 시인의 참멋을 얻을 수 있고,
게송 한 구절 익히지 않아도 선의 정취를 지니고 있다면 선종의 가르
침에 담긴 현묘한 이치를 깨달으리라.

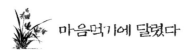 마음먹기에 달렸다

機動的은 弓影도 疑爲蛇蝎하고 寢石도 視爲伏虎하나니
기 동 적　　궁 영　　의 위 사 갈　　침 석　　시 위 복 호

此中에 渾是殺氣요
차 중　　혼 시 살 기

念息的은 石虎도 可作海鷗하며 蛙聲도 可當鼓吹하나니
염 식 적　　석 호　　가 작 해 구　　와 성　　가 당 고 취

觸處에 俱見眞機니라
촉 처　　구 견 진 기

마음이 흔들리면 활 그림자도 뱀으로 보이고 누운 바위도 엎드린 호
랑이로 보이니, 이 속에는 온통 살기가 서려 있다. 마음이 가라앉으면
석호도 바다갈매기처럼 되고 개구리 소리도 음악으로 들리니, 이르
는 곳마다 참된 이치를 보게 된다.

해설

이 글은 네 개의 고사가 바탕이 되었다. 먼저 궁영의위사갈弓影疑爲蛇蝎은 '활 그림
자를 뱀으로 잘못 안다'는 의미이다. 진나라 때 악광樂廣이라는 사람을 찾아온 손님
이, 벽에 걸려 있는 활의 그림자가 잔 속의 술에 비친 것을 뱀으로 오인하고서 병이
들었다가 그것이 활 그림자임을 알고 병이 완쾌하였다는 고사에서 유래하였다.

침석시위복호寢石視爲伏虎는 '누워 있는 바위를 엎드려 있는 호랑이로 잘못 보다'는
의미이다. 한무제 때의 명장인 이광李廣이 어느 날 사냥을 나가서 풀밭에 있는 바위
를 엎드려 있는 호랑이로 잘못 알고 활을 쏘았는데 화살이 바위에 꽂혔다. 바위임을
안 이광이 다시 한 번 바위에 화살을 쏘았으나 더 이상 꽂히지 않았다는 고사에서

유래하였다.

석호가작해구石虎可作海鷗는 '석호가 갈매기처럼 온순하게 된다'는 의미이다. 후조後趙의 왕이었던 석호는 포악하기 이를 데 없는 임금이었으나 후에 한 천축승天竺僧에게 감화를 입어 갈매기처럼 유순하게 되었다는 고사에서 유래하였다.

와성가당고吹蛙聲可當鼓吹는 '시끄러운 개구리 울음소리도 아름다운 음악소리로 들린다'는 의미이다. 남재南齋에 세속의 일을 싫어하던 공규孔珪라는 사람이 시끄럽게 울어대는 개구리 소리를 아름다운 연주소리라고 말했다는 고사에서 유래하였다.

집착을 없애라

身如不繫之舟라 一任流行坎止하고
신 여 불 계 지 주   일 임 유 행 감 지

心似既灰之木이라 何妨刀割香塗리오
심 사 기 회 지 목   하 방 도 할 향 도

몸은 매어 두지 않은 배와 같으니 물이 흘러감을 따라 떠가든 멈추든
내맡기며, 마음은 이미 재가 된 나무와 같으니 칼로 쪼개든 향을 바
르든 무슨 상관이 있겠는가.

해설

몸은 매여 있지 않은 배와 같이 하여 물에 따라 흘러가든, 멈추어 있든 물결에 맡기
고, 마음은 죽은 나무와 같이 하여 끊어 자르든, 칠을 하든 아랑곳없이 하라는 것으
로 몸과 마음을 대자연의 섭리에 맡겨두면 일이 순리적으로 되고, 몸과 마음이 편안
하다는 것이다.

사람의 마음에서 생각하지 말라

人情은 聽鶯啼則喜하고 聞蛙鳴則厭하며
인 정 청 앵 제 즉 희 문 와 명 즉 염

見花則思培之하고 遇草則欲去之하나니 但是以形氣用事라
견 화 즉 사 배 지 우 초 즉 욕 거 지 단 시 이 형 기 용 사

若以性天視之하면 何者非自鳴其天機며 非自暢其生意也리오
약 이 성 천 시 지 하 자 비 자 명 기 천 기 비 자 창 기 생 의 야

사람의 정이란 꾀꼬리 소리를 들으면 즐거워하고 개구리 울음소리를
들으면 싫어하며, 꽃을 보면 가꾸고 싶어 하고, 풀을 보면 뽑고자 하
니, 이는 다만 형체와 기질로써 사물을 나누기 때문이다. 만일 본성으
로 보게 된다면 어느 것인들 하늘로부터 부여받은 자신의 능력을 울
린 것이 아니며 어느 것인들 자신의 생기를 펼친 것이 아니겠는가?

육신의 노쇠에 연연하지 말라

髮落齒疎는 任幻形之彫謝하고
발 락 치 소　　임 환 형 지 조 사

鳥吟花笑는 識自性之眞如니라
조 음 화 소　　식 자 성 지 진 여

머리카락이 빠지고 이가 성글어지는 것은 헛된 육신이 시들어감이니
세월에 맡기고, 새가 노래하고 꽃이 피는 모습 속에서 자연 본연의
한결같은 진리를 깨달으라.

해설

이 글은 영구불변하는 자연의 섭리 안에서 인생이 얼마나 덧없는 것인가를 깨닫고,
그 같은 인생의 변화에 마음이 동요되지 말 것을 강조하고 있다.

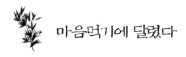

마음먹기에 달렸다

欲其中者는 波沸寒潭하여 山林에 不見其寂하고
욕 기 중 자 파 비 한 담 산 림 불 견 기 적

虛其中者는 涼生酷暑하여 朝市에 不知其喧하느니라
허 기 중 자 양 생 혹 서 조 시 부 지 기 훤

마음이 욕심으로 가득 찬 사람은 차가운 연못에 물결이 끓어오르는
듯하여 숲속에서도 고요함을 보지 못하고, 마음을 비운 사람은 무더
위 속에서도 서늘함이 일어나듯 하여 저잣거리에 있어도 시끄러움을
느끼지 못한다.

부유한 것보다 마음 편한 것이 낫다

多藏者는 厚亡하나니 故로 知富不如貧之無慮요
다 장 자 후 망 고 지 부 불 여 빈 지 무 려

高步者는 疾顚하나니 故로 知貴不如賤之常安이니라
고 보 자 질 전 고 지 귀 불 여 천 지 상 안

많이 가진 사람은 크게 망하니 가난해도 걱정 없이 사는 것이 부유한
것보다 나음을 알 수 있고, 높이 오른 사람이 빨리 넘어지니 비천해
도 항상 편히 사는 것이 고귀한 것보다 나음을 알 수 있다.

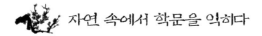 자연 속에서 학문을 익히다

讀易曉窓에 丹砂를 研松間之露하며
독 역 효 창   단 사   연 송 간 지 로

談經午案에 寶磬을 宣竹下之風이니라
담 경 오 안   보 경   선 죽 하 지 풍

이른 새벽 창가에서 주역을 읽다가 소나무에 맺힌 이슬로 붉은 먹을
갈고, 낮에는 책상에서 불경을 담론하다가 대숲 바람결에 경쇠소리
흘어 보낸다.

해설

세속을 잊은 유한幽閑의 경지요, 명리와는 거리가 먼 초속적超俗的인 세계를 담아낸
문장이다.

가둬둔 아름다움은 자연의 아름다움만 못하다

花居盆內면 終乏生機하고 鳥入籠中이면 便滅天趣하나니
화거분내   종핍생기   조입롱중   변멸천취

不若山間花鳥가 錯集成文하고 翺翔自若하여 自是悠然會心이니라
불약산간화조   착집성문   고상자약   자시유연회심

꽃이 화분에 있으면 마침내 생기가 없어져 버리고, 새가 새장 안에
있으면 문득 자연의 맛이 줄어든다. 그러니 이것이 어찌 산 속의 꽃
이나 새가 한데 어울려 색색의 무늬를 이루며, 자유로이 날아다녀서
마음껏 즐거워하는 것과 같겠는가.

자신에 대한 집착을 버려라

世人이 只緣認得我字太眞이라 故로 多種種嗜好하고 種種煩惱라
세인 지연인득아자태진 고 다종종기호 종종번뇌

前人이 云하되 不復知有我어늘 何知物爲貴리오
전인 운 불복지유아 하지물위귀

又云하되 知身不是我면 煩惱更何侵이리오 眞破的之言也로다
우운 지신불시아 번뇌갱하침 진파적지언야

세상 사람은 자신에게 집착하여 '나'만이 참된 것으로 알기 때문에 온갖 좋고 싫음과 번뇌가 생겨난다. 옛사람이 말하기를 "내가 있음도 또한 알지 못하면서 어찌 사물의 귀함을 알겠는가?"라고 하였고, 또 "이 몸이 내가 아님을 안다면 어찌 번뇌가 침입하겠는가?"라고 했으니 참으로 이치를 꿰뚫어본 말이로다.

젊었을 때 늙음을 생각하라

自老視少하면 可以消奔馳角逐之心이요
자 로 시 소   가 이 소 분 치 각 축 지 심

自瘁視榮하면 可以絶紛華靡麗之念이니라
자 췌 시 영   가 이 절 분 화 미 려 지 념

노쇠했을 때의 입장으로 지금의 젊은 시절을 바라보면 분주하게 공
명을 좇는 마음을 버릴 수 있고, 쇠락했을 때의 입장으로 지금의 영
화로움을 바라보면 사치스럽게 부귀를 추구하는 생각을 끊어버릴 수
있을 것이다.

영원한 것은 없다

人情世態는 倏忽萬端이니 不宜認得太眞이니라
인정세태　숙홀만단　불의인득태진

堯夫가 云하되 昔日所云我도 而今却是伊니
요부　운　석일소운아　이금각시이

不知今日我인들 又屬後來誰하니
부지금일아　우속후래수

人이 常作是觀하면 便可解却胸中罥矣리라
인　항작시관　변가해각흉중견의

인정과 세태는 잠깐 사이에 여러 가지로 변하니 지나치게 참된 것으로 여기지는 말라. 소강절이 이르기를 "지난날 내 것이라고 하던 것이 오늘에는 저 사람의 것으로 되었으니, 오늘 내 것이 내일에는 또 누구의 것이 될지 알지 못하겠노라"라고 했는데 사람이 늘 이렇게 사물을 바라본다면 곧 가슴속의 얽매임을 풀 수 있으리라.

바쁜 가운데 냉정을 유지하라

熱鬧中에 著一冷眼하면 便省許多苦心思요
열 뇨 중   착 일 냉 안   변 생 허 다 고 심 사

冷落處에 存一熱心하면 便得許多眞趣味니라
냉 락 처   존 일 열 심   변 득 허 다 진 취 미

아무리 바쁘더라도 냉철한 안목을 가진다면 괴로운 생각을 덜게 되
고 어려운 상황에 있을 때에도 열정을 지닌다면 많은 참멋을 얻으
리라.

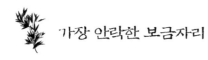 가장 안락한 보금자리

有一樂境界면 就有一不樂的相對待하고
유 일 낙 경 계   취 유 일 불 락 적 상 대 대

有一好光景이면 就有一不好的相乘除하나니
유 일 호 광 경   취 유 일 불 호 적 상 승 제

只是尋常家飯과 素位風光이라야 纔是個安樂的窩巢니라
지 시 심 상 가 반   소 위 풍 광   재 시 개 안 락 적 와 소

한편에 즐거운 경지가 있으면 다른 한편에 즐겁지 않은 경지가 있어
서로 상대를 이루고, 한편에 좋은 광경이 있으면 다른 한편에는 좋지
못한 광경이 있어 서로 엇갈리는 법이다. 오직 집에서 먹는 평범한
식사와 벼슬 없는 생활이 가장 안락한 보금자리이다.

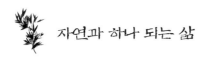

자연과 하나 되는 삶

簾櫳高敞하여 看靑山綠水의 呑吐雲煙하면 識乾坤之自在하고
염 롱 고 창　　간 청 산 녹 수　　탄 토 운 연　　식 건 곤 지 자 재

竹樹扶疎하여 任乳燕鳴鳩의 送迎時序하면 知物我之兩忘이니라
죽 수 부 소　　임 유 연 명 구　　송 영 시 서　　지 물 아 지 양 망

발을 높이 걷고 창문을 활짝 열어 푸른 산과 맑은 물이 구름과 안개
를 삼키고 토해내는 것을 보면 천지의 자유자재한 조화를 느끼게 되
고, 대나무 숲 무성한 곳에 제비가 새끼 치고 산비둘기 지저귀는 소
리를 들으며 계절이 오가는 것을 보면 대자연과 내가 홀연히 하나 됨
을 깨닫게 된다.

이룬 것은 무너지고, 삶은 죽음으로 이어진다

知成之必敗면 則求成之心이 不必太堅하고
지 성 지 필 패   즉 구 성 지 심   불 필 태 견

知生之必死면 則保生之道에 不必過勞니라
지 생 지 필 사   즉 보 생 지 도   불 필 과 로

이룬 것은 반드시 무너지게 된다는 것을 알면 이루려는 마음이 지나
치게 굳지는 않을 것이며, 살아 있는 것은 반드시 죽게 됨을 알면 삶
을 보전하려는 일에 너무 애쓰지 않게 될 것이다.

몸과 마음을 자유롭게 하라

古德이 云하되 竹影掃階塵不動이요 月輪穿沼水無痕이라 하며
고 덕 운 죽 영 소 계 진 부 동 월 륜 천 소 수 무 흔

吾儒가 云하되 水流任急境常靜이요 花落雖頻意自閒이라
오 유 운 수 류 임 급 경 상 정 화 락 수 빈 의 자 한

人常持此意로 以應事接物이면 身心이 何等自在리오
인 상 지 차 의 이 응 사 접 물 신 심 하 등 자 재

옛 고승이 말하기를 "대나무 그림자가 섬돌을 쓸어도 티끌이 일지 않
고, 달빛이 연못을 뚫어도 물에는 흔적이 없다"고 하였고, 또 옛 선비
가 말하기를 "물살이 아무리 빨라도 그 가장자리는 언제나 고요하고,
꽃잎은 산산이 흩어져도 마음은 저절로 한가하도다"고 했으니 사람
이 늘 이런 뜻을 가지고 사물을 대한다면 몸과 마음이 어찌 자유롭지
않으리오.

최고의 음악과 문장은 자연에 있다

林間松韻과 石上泉聲도 靜裡聽來면 識天地自然鳴佩하고
임 간 송 운　석 상 천 성　정 리 청 래　식 천 지 자 연 명 패

草際烟光과 水心雲影도 閒中觀去면 見乾坤最上文章이니라
초 제 연 광　수 심 운 영　한 중 관 거　견 건 곤 최 상 문 장

숲 사이로 부는 솔바람 소리, 바위 틈을 흐르는 샘물 소리를 고요한
가운데 들으면 천지의 음악임을 알게 되고, 풀섶의 안개빛, 물속의
구름 그림자를 한가한 가운데 바라보면 천지에 으뜸가는 문장임을
알게 된다.

골짜기는 메워도 사람의 마음은 못 메운다

安看西晉之荊榛하되 猶矜白刃하고
안 간 서 진 지 형 진   유 긍 백 인

身屬北邙之狐兎로되 尙惜黃金이라
신 속 북 망 지 호 토   상 석 황 금

語에 云하되 猛獸는 易伏이나 人心은 難降하며
어   운   맹 수   이 복   인 심   난 항

谿壑은 易滿이나 人心은 難滿이라 하니 信哉로다
계 학   이 만   인 심   난 만   신 재

눈으로 서진의 가시밭을 보면서도 오히려 시퍼런 칼날을 으스대고, 몸은 북망산의 여우와 토끼에 맡겨질 것인데도 도리어 황금을 아까워한다. 옛말에 이르기를 "사나운 짐승은 길들이기 쉬워도 사람의 마음은 길들이기 어렵고, 골짜기는 메울 수 있어도 사람의 마음은 메우기 어렵다"고 한 것은 참으로 옳은 말이로다.

만물은 마음에 달렸다

心地上에 無風濤면 隨在에 皆靑山綠水요
심지상 무풍도 수재 개청산녹수

性天中에 有化育이면 處觸에 見魚躍鳶飛니라
성천중 유화육 촉처 견어약연비

마음에 바람과 물결이 일지 않으면 가는 곳마다 푸른 산, 맑은 물이
요, 천성 속에 만물을 기르는 기운이 있으면 이르는 곳마다 고기가
뛰어오르고 솔개가 나는 것을 보리라.

해설

마음에 아무런 동요가 없으면 어디에 가든 푸른 산과 푸른 나무에 에워싸인 심경이
될 것이며, 자기 본성 안에 있는 만물을 생육하게 하는 기운을 자각하기만 한다면 어
디에서 무엇을 하든 고기가 연못에서 뛰어오르고, 솔개가 하늘을 날아다니는 것과
같은 천지의 생의生意를 볼 수가 있다. 욕망의 물결을 잠재워 평정한 심성을 가짐으
로써 마음에 조금도 불균형이 없고, 인격에 조금도 구김살이 없게 해야 한다. 또 스
스로의 심성을 직관하여 만물을 생육하게 하는, 무한한 생명을 향한 의지를 발견하
도록 해야 할 것이다.

본성을 따르라

峨冠大帶之士도 一旦睹輕蓑小笠으로 飄飄然逸也하면
아 관 대 대 지 사　　일 단 도 경 사 소 립　　표 표 연 일 야

未必不動其咨嗟하고
미 필 부 동 기 자 차

長筵廣席之豪도 一旦遇疏簾淨几로 悠悠焉靜也하면
장 연 광 석 지 호　　일 단 우 소 렴 정 궤　　유 유 언 정 야

未必不增其綣戀하나니
미 필 부 증 기 권 연

人奈何驅以火牛하고 誘以風馬하되 而不思自適其性哉아
인 내 하 구 이 화 우　　유 이 풍 마　　이 불 사 자 적 기 성 재

고관대작이라도 가벼운 도롱이와 작은 삿갓을 쓴 이의 가볍고 편안
한 모습을 보면 문득 부러워 탄식하지 않을 수 없고 고대광실에 사는
부자라도 성긴 발, 깨끗한 책상에서 한가롭고 고요하게 보내는 이를
만나면 그리워하는 마음이 일지 않을 수 없을 것이다. 그런데 사람
들은 어찌하여 성난 소처럼 쫓아 들어가 빼앗기를 좋아하고, 암내 난
말처럼 달라붙어 명리를 취하려 할 뿐 어찌 자기 본성에 맞게 살려고
하지 않는가.

사물의 얽매임에서 벗어나라

魚得水逝로되 而相忘乎水하고 鳥乘風飛로되 而不知有風하니
어 득 수 서   이 상 망 호 수   조 승 풍 비   이 부 지 유 풍

識此면 可以超物累하고 可以樂天機니라
식 차   가 이 초 물 루   가 이 낙 천 기

고기는 물속에서 헤엄을 치건만 물을 잊고, 새는 바람을 타고 날건만
바람이 있음을 알지 못한다. 이런 이치를 알면 사물의 얽매임에서 벗
어날 수도 있고, 자연의 오묘한 이치를 즐길 수도 있는 것이다.

융성함은 쇠퇴함으로 흐른다

狐眠敗砌하고 兎走荒臺하니 盡是當年歌舞之地요
호 면 패 체　　　토 주 황 대　　　진 시 당 년 가 무 지 지

露冷黃花하고 烟迷衰草하니 悉屬舊時爭戰之場이라
노 냉 황 화　　　연 미 쇠 초　　　실 속 구 시 쟁 전 지 장

盛衰何常이며 强弱安在리오 念此면 令人心灰로다
성 쇠 하 상　　　강 약 안 재　　　염 차　　영 인 심 회

여우는 무너진 섬돌에서 잠자고 토끼는 황폐한 누대 위를 달리니 이
모두 지난 시절 노래하고 춤추던 터전이다. 이슬은 국화에 떨어져 싸
늘하고 안개는 시든 풀에 감도니 이 모두 옛날의 싸움터이다. 융성하
고 쇠퇴함이 어찌 늘 같으며 강자와 약자는 어디에 있는가? 이것을
생각하면 마음은 식은 재처럼 싸늘해진다.

해설

지난날 미희美姬의 노래와 춤을 즐기면서 그 위엄을 자랑하던 화려한 궁궐이 지금은
황폐하여 여우와 토끼의 소굴이 되고, 옛날 천하를 다투어 싸우던 전쟁터는 국화에
차가운 이슬이 내리고, 시든 풀 위에 안개가 감돌아 처량하기 짝이 없다. 지난날의
융성이 지금은 쇠퇴하고 어제의 강자가 오늘은 약자가 되어서 변화가 무상함을 생
각하면, 명리를 구하는 불붙은 마음도 식은 재처럼 싸늘하게 변한다는 것이다.

인간은 스스로 재앙을 초래한다

寵辱에 不驚하니 閒看庭前花開花落하고
총 욕　불 경　　한 간 정 전 화 개 화 락

去留에 無意하니 漫隨天外雲卷雲舒니라
거 류　무 의　　만 수 천 외 운 권 운 서

晴空朗月에 何天을 不可翶翔이리오마는 而飛蛾는 獨投夜燭하고
청 공 낭 월　하 천　불 가 고 상　　　　　이 비 아　독 투 야 촉

淸泉綠卉에 何物은 不可飮啄이리오마는 而鴟鴉는 偏嗜腐鼠하니
청 천 녹 훼　하 물　불 가 음 탁　　　　　이 치 효　편 기 부 서

噫라 世之不爲飛蛾鴟鴉者가 幾何人哉리오
희　세 지 불 위 비 아 치 효 자　기 하 인 재

영화와 굴욕에 놀라지 않음이 마치 뜰 앞에 피었다 지는 꽃을 한가하
게 바라보는 것과 같고, 관직에 나아감과 물러남에 마음을 두지 않음
이 마치 하늘 위에 일고 걷히는 구름을 무심히 좇는 것과 같구나. 맑
은 하늘과 밝은 달빛이 있어 어딘들 날아갈 곳이 없을까마는 불나방
은 스스로 촛불에 몸을 던지고, 맑은 샘물과 푸르게 깔린 풀잎이 있어
어딘들 먹을 것이 없을까마는 올빼미는 굳이 썩은 쥐를 즐겨 먹는다.
아! 이 세상에 불나방과 올빼미와 같지 않은 사람이 얼마나 되겠는가.

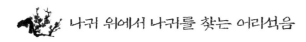 ## 나귀 위에서 나귀를 찾는 어리석음

纔就筏하여 便思舍筏하면 方是無事道人이나
재 취 벌   변 사 사 벌   방 시 무 사 도 인

若騎驢하여 又復覓驢하면 終爲不了禪師이리라
약 기 려   우 부 멱 려   종 위 불 료 선 사

뗏목을 타고 강을 건넌 뒤 뗏목을 버릴 것을 생각한다면 이는 깨달음
을 얻은 사람이다. 만약 나귀를 타고 있으면서도 나귀를 찾아 헤맨다
면 결국 진리를 깨닫지 못한 선사가 될 뿐이다.

냉정한 마음으로 사물을 보라

權貴龍驤하고 英雄虎戰하나
권 귀 용 양　　　영 웅 호 전

以冷眼視之하면 如蟻聚羶하고 如蠅競血이니라
이 냉 안 시 지　　　여 의 취 전　　　여 승 경 혈

是非蜂起하고 得失蝟興하나
시 비 봉 기　　　득 실 위 흥

以冷情當之하면 如冶化金하고 如湯消雪이니라
이 냉 정 당 지　　　여 야 화 금　　　여 탕 소 설

권세 있고 부귀한 이들이 용처럼 다투고 영웅호걸들이 범처럼 싸우
지만 냉정한 눈으로 이것을 본다면 마치 개미가 비린내 나는 것에
모여들고 파리 떼가 다투어 피를 빠는 것과 같다. 시비의 다툼이 벌
떼처럼 일어나고 이해득실을 따지는 일이 고슴도치 바늘처럼 일어
서지만 냉정한 마음으로 이것을 맞는다면 마치 풀무로 쇠를 녹이며
끓는 물로 눈을 녹이는 것처럼 스러질 것이다.

삶의 애달픔과 즐거움은 나에게 달렸다

羈鎖於物欲하면 覺吾生之可哀하고
기 쇄 어 물 욕　　각 오 생 지 가 애

夷猶於性眞하면 覺吾生之可樂하나니
이 유 어 성 진　　각 오 생 지 가 락

知其可哀하면 則塵情이 立破하고
지 기 가 애　　즉 진 정　　입 파

知其可樂하면 則聖境이 自臻이니라
지 기 가 락　　즉 성 경　　자 진

물욕에 얽매이면 우리의 삶이 애달픈 것임을 깨닫게 되고, 본성에 따라 유유히 노닐면 우리의 삶이 즐거운 것임을 깨닫게 된다. 그 애달픔을 알면 속세의 욕심이 사라져 버리게 되고, 그 즐거움을 알면 성인의 경지에 저절로 이르게 된다.

물욕이 번뇌를 만든다

胸中에 旣無半點物欲이면 已如雪消爐焰氷消日하고
흉 중   기 무 반 점 물 욕   이 여 설 소 로 염 빙 소 일

眼前에 自有一段空明이면 始見月在靑天影在波니라
안 전   자 유 일 단 공 명   시 견 월 재 청 천 영 재 파

마음속에 조금의 물욕도 없다면 번뇌는 화롯불에 눈이 녹듯, 햇살에 얼음이 녹듯 스러질 것이다. 눈앞에 한 조각 밝은 마음이 있으면 언제나 밝은 달이 푸른 하늘에 있고 달빛이 물결 위에 반짝이는 것을 볼 것이다.

 ## 자연의 흥취

詩思는 在霸陵橋上이라 微吟就에 林岫가 便已浩然하고
시 사   재 패 릉 교 상   미 음 취   임 수   변 이 호 연

野興은 在鏡湖曲邊이라 獨往時에 山川이 自相映發이니라
야 흥   재 경 호 곡 변   독 왕 시   산 천   자 상 영 발

다리 위를 지나다가 불현듯 떠오른 시상을 나직이 읊조리니 숲과 골짜기의 기운이 문득 천지에 가득해지고, 세속을 벗어난 맑은 흥취는 고요한 호숫가에 있으니 혼자서 거닐면 산과 물이 서로 비춘다.

일찍 이룬 것은 일찍 쇠한다

伏久者는 飛必高하고 開先者는 謝獨早하니
복 구 자   비 필 고   개 선 자   사 독 조

知此면 可以免蹭蹬之憂하고 可以消躁急之念하리라
지 차   가 이 면 층 등 지 우   가 이 소 조 급 지 념

오래 엎드려 있던 새는 반드시 높이 날고, 먼저 핀 꽃은 홀로 일찍 진
다. 이러한 이치를 알면 발을 헛디딜 근심을 면할 수 있고, 성급하게
일을 이루려는 마음도 사라질 것이다.

쇠한 뒤에 깨닫게 되는 것

樹木은 至歸根而後에 知花萼枝葉之徒榮하고
수 목   지 귀 근 이 후   지 화 악 지 엽 지 도 영

人事는 至蓋棺而後에 知子女玉帛之無益이니라
인 사   지 개 관 이 후   지 자 녀 옥 백 지 무 익

나무는 뿌리만 남은 뒤에야 꽃과 가지와 잎이 헛된 영화였음을 알게
되고, 사람은 관 뚜껑을 덮은 다음에야 자손과 재물이 소용없음을 알
게 된다.

욕망이 괴로움을 부른다

眞空은 不空이니 執相도 非眞이요 破相도 亦非眞이라
진공　불공　　집상　비진　　파상　역비진

問世尊은 如何發付오
문세존　　여하발부

在世出世하라 徇欲이 是苦요 絶欲도 亦是苦니 聽吾儕善自修持하라
재세출세　　순욕　시고　절욕　역시고　청오제선자수지

참된 비어 있음은 비어 있음이 아니고, 형상에 집착함도 진리가 아니고, 형상을 깨뜨리는 것도 진리가 아니다. 묻노니, 세존께서 무어라 말씀하셨는가? "속세에 있으면서 속세를 벗어나라. 욕망을 따르는 것도 괴로움이요, 욕망을 끊는 것 또한 괴로움이니 우리 스스로 몸과 마음을 갈고닦기에 달린 것이니라."

천자와 거지의 마음이 다르지 않다

烈士는 讓千乘하고 貪夫는 爭一文하나니
열사　　양천승　　탐부　　쟁일문

人品은 星淵也나 而好名은 不殊好利요
인품　　성연야　　이호명　　불수호리

天子는 營國家하고 乞人은 號饔飧하나니
천자　　영국가　　걸인　　호옹손

位分은 霄壤也나 而焦思는 何異焦聲이리오
위분　　소양야　　이초사　　하이초성

의로운 선비는 큰 나라도 사양하고, 탐욕스러운 사람은 한 푼의 돈을
놓고도 다투니 그 인품은 하늘과 땅 차이지만 영예와 이익을 좋아하
는 것에는 다를 바가 없다. 천자는 나라를 잘 다스리려고 마음을 졸
이고, 거지는 조석의 끼니를 구걸하려고 애타게 호소하니, 그 신분은
하늘과 땅 차이지만 애태우는 마음과 목소리는 다를 바가 없다.

해설

천승의 큰 나라를 사양하는 것은 분명 보통사람이 할 수 있는 일이 아니다. 그러나
만일 진심에서 우러난 거절이 아니라 큰 나라를 사양했다는 명성과 평판을 듣기 위
해서 했다면 그것은 영예를 탐한 것이니, 욕심쟁이가 한 푼의 돈을 두고 다투는 것과
다를 바가 없는 것이다.

세상을 알게 되면 연연하지 않게 된다

飽諳世味하면 一任覆雨翻雲하여 總慵開眼하고
포 암 세 미　　 일 임 복 우 번 운　　 총 용 개 안

會盡人情하면 隨教呼牛喚馬하여 只是點頭니라
회 진 인 정　　 수 교 호 우 환 마　　 지 시 점 두

세상의 맛을 깊이 알면 손바닥을 뒤집듯 하는 세태를 눈뜨고 보는 것
도 귀찮아 하고, 사람의 마음을 온전히 깨달으면 소라고 부르건 말이
라고 부르건 부르는 대로 따라서 다만 머리를 끄덕일 뿐이다.

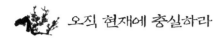 **오직 현재에 충실하라**

今人은 專求無念이나 而終不可無하나니
금 인　　전 구 무 념　　　　이 종 불 가 무

只是前念不滯하고 後念不迎하며
지 시 전 념 불 체　　　　후 념 불 영

但將現在的隨緣하여 打發得去면 自然漸漸入無니라
단 장 현 재 적 수 연　　　　타 발 득 거　　　자 연 점 점 입 무

오늘날 사람들은 온 힘을 다해 잡념을 없애려고 애를 쓰나 결국에는
없애지 못한다. 그러니 지나간 생각을 마음에 두지 말고, 앞으로 있을
일을 미리 추측하지 말며, 오직 현재에 관한 일만을 충실하게 처리해
나가면 차츰 무념무상의 경지로 들어가게 된다.

아무 일 없을 때 마음이 평안하다

意所偶會면 便成佳境하고 物出天然이면 纔見眞機하니
의 소 우 회   변 성 가 경   물 출 천 연   재 견 진 기

若加一分調停布置하면 趣味便減矣니라
약 가 일 분 조 정 포 치   취 미 변 감 의

白氏 云하되 意隨無事適이요 風逐自然淸이라 하니
백 씨 운   의 수 무 사 적   풍 축 자 연 청

有味哉라 其言之也여
유 미 재   기 언 지 야

마음에 문득 깨닫는 바가 있으면 이것이 가장 좋은 경계요, 사물은
자연 그대로의 상태에 있어야 비로소 참모습을 볼 수 있다. 만약 조
금이라도 인위적으로 고쳐놓으면, 마음의 흥취는 오히려 줄어들게
된다. 백거이가 "마음은 아무 일 없을 때 가장 평안하고, 바람은 저절
로 불 때 가장 상쾌하다"고 하였는데, 참으로 음미해볼 만한 말이다.

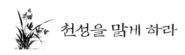
천성을 맑게 하라

性天이 澄徹하면 卽饑喰渴飮이라도 無非康濟身心이요
성 천　징 철　　즉 기 식 갈 음　　무 비 강 제 신 심

心地가 沈迷하면 縱談禪演偈라도 總是播弄精魂이니라
심 지　침 미　　종 담 선 연 게　　총 시 파 롱 정 혼

천성이 맑으면 배고픔과 목마름을 면한 정도만으로도 심신을 건강
하게 할 수 있지만 심지가 어두워 흔들리면 비록 선을 말하고 게송을
읊는다 할지라도 이는 모두 정신을 희롱하는 것일 뿐이다.

잡념을 버려야 평안해진다

人心에 有個眞境하여 非絲非竹이라도 而自恬愉하고
인심　유개진경　비사비죽　　이자념유

不煙不茗이라도 而自淸芬하니
불연불명　　　이자청분

須念淨境空하고 慮忘形釋이라야 纔得以游衍其中이니라
수념정경공　여망형석　　재득이유연기중

사람의 마음에는 하나의 참경지가 있어 거문고와 피리가 아니더라도
절로 편안하고 즐거워지며, 향 사르고 차 마시지 않더라도 절로 맑고
향기로워지니 모름지기 생각을 깨끗이 하고, 보고 듣는 것을 끊어 잡
념을 잊고 형체를 바로 풀어야 비로소 그 가운데 노닐 수 있다.

참다운 깨달음은 속세에서도 얻을 수 있다

金自鑛出하고 玉從石生하니 非幻이면 無以求眞이라
금 자 광 출　　옥 종 석 생　　비 환　　무 이 구 진

道得酒中하고 仙遇花裡는 雖雅나 不能離俗이니라
도 득 주 중　　선 우 화 리　　수 아　　불 능 이 속

금은 광석에서 나오고 옥은 돌 속에서 생기니 참다운 깨달음도 현상
계를 떠나서는 구할 수가 없다. 술 가운데서 도를 얻고 꽃 속에서 신
선을 만났다고 하는 것은 비록 운치는 있지만 세상일을 겪는 가운데
서 얻어진 것이 아니니 속세를 벗어날 수는 없을 것이다.

깨달은 눈으로 보면 모두가 하나로 통한다

天地中萬物과 人倫中萬情과 世界中萬事는 以俗眼觀하면 紛紛各異나
천지중만물　인륜중만정　세계중만사　이속안관　　분분각이

以道眼觀하면 種種是常이니 何煩分別하며 何用取捨리요
이도안관　종종시상　하번분별　하용취사

천지 가운데 만물과 사람 사이의 온갖 정과 세상에서 일어나는 모든
일을 세속의 눈으로 보면 저마다 다르지만, 깨달은 눈으로 보면 하나
같으니 어찌 번거로이 분별하며 어찌 취하고 버릴 필요가 있겠는가.

 ## 인생의 즐거움은 마음먹기에 달렸다

神酣하면 布被窩中에 得天地冲和之氣하고
신감　　포피와중　득천지충화지기

味足이면 藜羹飯後에 識人生澹泊之眞이니라
미족　　여갱반후　식인생담박지진

정신력이 왕성하면 좁은 방에서 베 이불을 덮고도 천지의 생기를 얻
고, 맛에 집착하지 않으면 명아주 국에 밥을 먹고도 인생의 담박한
참맛을 알게 된다.

깨달음이 없으면 절간도 속세의 집이 된다

纏脫은 只在自心이니 心了면 則屠肆糟廛도 居然淨土요
전 탈　지재자심　　심 료　　즉도사조전　거연정토

不然이면 縱一琴一鶴과 一花一卉로 嗜好雖淸이라도 魔障終在니라
불 연　　종일금일학　　일화일훼　기호수청　　　　마장종재

語에 云하되 能休면 塵境도 爲眞境이요
어　운　　능휴　진경　위진경

未了면 僧家도 是俗家라 하니 信夫로다
미료　승가　시속가　　　신부

얽매임과 벗어남은 다만 자신의 마음에 달린 것이니 깨달음을 얻으면 푸줏간과 주막도 극락정토가 되고, 그렇지 못하면 비록 거문고와 학을 벗 삼고 꽃과 풀을 심고 가꾸어 그 즐거움이 맑을지라도 악마의 방해는 늘 있을 것이다. 옛말에 이르기를 "그칠 수 있다면 속세도 참된 경지가 되고, 깨달음이 없으면 절간도 속세의 집이 된다"고 했는데, 그 말이 진실로 맞도다.

진리를 깨달으면 매사 만족을 느낀다

斗室中이라도 萬慮都捐하면 說甚畵棟飛雲하고 珠簾捲雨하며
두실중　　　만려도연　　설심화동비운　　주렴권우

三杯後에 一眞自得하면 唯知素琴橫月하고 短笛吟風이니라
삼배후　　일진자득　　유지소금횡월　　단적음풍

비좁은 방에서 살지라도 모든 상념을 버릴 수 있다면 단청을 올린 들
보에 구름 날고, 구슬 발 걷고서 내리는 비를 보는 얘기를 해서 무엇
하랴. 석 잔 술을 마신 후에 모든 진리를 깨닫는다면 허름한 거문고
를 달 아래서 비껴 뜯고 피리를 불어 맑은 바람에 실려 보내는 것만
으로도 족하지 않겠는가.

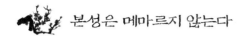 본성은 메마르지 않는다

萬籟寂廖中에 忽聞一鳥弄聲하면 便喚起許多幽趣하고
만 뢰 적 료 중　　홀 문 일 조 롱 성　　변 환 기 허 다 유 취

萬卉摧剝後에 忽見一枝擢秀하면 便觸動無限生機하니
만 훼 최 박 후　　홀 견 일 지 탁 수　　변 촉 동 무 한 생 기

可見性天은 未常枯槁하고 機神은 最宜觸發이로다
가 견 성 천　　미 상 고 고　　기 신　　최 의 촉 발

모든 소리가 고요해진 가운데 홀연히 한 마리 새 소리를 들으면 문득
그윽한 흥취가 일어나며, 모든 초목이 시들어진 다음에 한 가지 빼어
난 꽃을 보면 무한한 삶의 기운이 움직임을 안다. 이로써 사람의 본
성은 항상 메마르지 않고, 기동하는 정신은 사물에 부딪쳐 가장 잘
나타남을 알 것이다.

심신을 내려놓음에도 중용이 필요하다

白氏 云하되 不如放身心하여 冥然任天造라 하고
백씨 운　　불여방신심　　명연임천조

晁氏 云하되 不如收身心하여 凝然歸寂定이라 하니
조씨 운　　불여수신심　　응연귀적정

放者는 流爲猖狂하고 收者는 入於枯寂하니
방자　유위창광　　수자　입어고적

唯善操身心的은 欛柄在手하여 收放自如니라
유선조신심적　　파병재수　　수방자여

백거이는 "몸과 마음을 자유롭게 풀어놓아 오묘한 자연의 이치에 내
맡기는 것이 낫다"고 했고, 조보지는 "몸과 마음을 단속하여 흔들림
없이 고요한 상태로 돌아가는 것이 낫다"고 했다. 그러나 몸과 마음
을 풀어놓기만 하면 제멋대로 날뛰게 되고, 단속하기만 하면 도리어
생기조차 잃고 마는 지경에 빠지게 되니 오직 심신을 잘 다스리는 사
람만이 치우침 없이 중심을 잡아, 풀어놓음과 거둠을 자유자재로 할
수 있는 것이다.

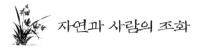 자연과 사람의 조화

當雪夜月天하면 心境이 便爾澄徹하고
당 설 야 월 천   심 경   변 이 징 철

遇春風和氣면 意界가 亦自冲融하나니
우 춘 풍 화 기   의 계   역 자 충 융

造化人心이 混合無間이니라
조 화 인 심   혼 합 무 간

눈 내린 밤에 달 밝은 하늘을 보면 마음이 문득 맑아지고, 봄바람의
따스한 기운을 만나면 뜻 또한 절로 녹아 부드러워지니 자연과 사람
의 마음이 한데 어울리니 조금의 틈도 없구나.

꾸밈 없이 表現하라

文以拙進하고 道以拙成하나니 一拙字에 有無限意味니라
문이졸진　　도이졸성　　　일졸자　유무한의미

如桃源犬吠와 桑間鷄鳴이 何等淳龐한고
여도원견폐　　상간계명　　하등순방

至於寒潭之月과 古木之鴉하여는
지어한담지월　　고목지아

工巧中에 便覺有衰颯氣象矣로다
공교중　　변각유쇠삽기상의

글은 꾸밈이 없음으로 나아가고 도는 꾸밈이 없음으로 이루어지니,
이 꾸밈이 없음에 무한한 뜻이 있다. 만일 "복사꽃이 핀 마을에서 개
가 짖고 뽕나무밭에서 닭이 운다"고 하면 얼마나 순박한가. 그러나
"차가운 연못에 달이 비추고 고목에서는 까마귀 운다"고 하면 교묘하
게 다듬은 기교 가운데 처량한 기운을 느끼게 될 뿐이다.

사물을 부리는 사람이 되어라

以我轉物者는 得固不喜하고 失亦不憂하여 大地盡屬逍遙하며
이 아 전 물 자　　득 고 불 희　　실 역 불 우　　대 지 진 속 소 요

以物役我者는 逆固生憎하고 順亦生愛하여 一毛便生纏縛이니라
이 물 역 아 자　　역 고 생 증　　순 역 생 애　　일 모 변 생 전 박

내 자신의 의지로 사물을 부리고 있는 사람은 얻었다 해서 기뻐하지 않고 잃었다 해서 근심하지 않으니, 대지가 모두 그의 소요하는 곳이 된다. 사물에 부림 당하는 사람은 역경을 미워하고 순경만을 사랑하니 털끝만 한 일도 그를 속박하게 된다.

본체와 현상을 같게 하라

理寂則事寂하나니 遣事執理者는 似去影留形이요
이 적 즉 사 적　　　　견 사 집 리 자　　사 거 영 류 형

心空則境空하나니 去境存心者는 如聚羶却蚋니라
심 공 즉 경 공　　　　거 경 존 심 자　　여 취 전 각 예

본체가 고요하면 현상도 따라 고요하니, 현상을 제쳐두고 본체를 잡으려는 것은 그림자는 버리고 형체만 남기려는 것과 같다. 마음이 공허하면 바깥 세계도 따라 공허하니, 바깥 세계를 버리고 마음만을 남겨두려는 것은 비린내 나는 것을 모아둔 채 파리를 쫓으려는 것과 같다.

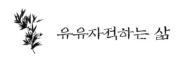

유유자적하는 삶

幽人淸事는 總在自適이라

유인청사 총재자적

故로 酒以不勸으로 爲歡하고 棋以不爭으로 爲勝하며

고 주이불권 위환 기이부쟁 위승

笛以無腔으로 爲適하고 琴以無絃으로 爲高하며

적이무강 위적 금이무현 위고

會以不期約으로 爲眞率하고 客以不迎送으로 爲坦夷하나니

회이불기약 위진솔 객이불영송 위탄이

若一牽文泥跡하면 便落塵世苦海矣리라

약일견문니적 변락진세고해의

은거하는 사람의 맑은 흥취는 유유자적하는 데에 있다. 그러므로 술은 권하지 않는 것을 즐거움으로 삼고, 바둑은 승패를 겨루지 않는 것으로 참된 승부를 삼으며, 구멍 없는 피리와 줄 없는 거문고로써 어떤 음악에도 얽매이지 않는 것을 높이 여기고, 만남은 뒷날을 기약하지 않는 것을 참됨으로 삼으며, 손님은 마중과 배웅을 하지 않는 것이 서로 스스럼없다고 여긴다. 만약 한 번 겉치레에 사로잡히고 형식에 묶인다면 곧 속세의 고해로 떨어지고 말 것이다.

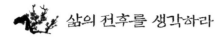 삶의 전후를 생각하라

試思未生之前에 有何象貌하고 又思旣死之後에 作何景色하면
시 사 미 생 지 전　유 하 상 모　우 사 기 사 지 후　작 하 경 색

則萬念灰冷하고 一性寂然하여 自可超物外遊象先이니라
즉 만 념 회 랭　일 성 적 연　자 가 초 물 외 유 상 선

이 몸이 태어나기 전에는 어떤 모습이었을까를 생각해 보고, 또한 이
몸이 죽은 후에는 어떤 모습이 될까를 생각해 보라. 그러면 온갖 생
각이 재처럼 식어지고 한 조각 본성만이 고요히 남아, 현실의 세계를
초월하여 만물이 생겨나기 이전의 세계에서 노닐게 되리라.

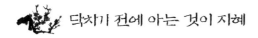 닥치기 전에 아는 것이 지혜

遇病而後에 思强之爲寶하고
우 병 이 후   사 강 지 위 보

處亂而後에 思平之爲福은 非蚤智也라
처 란 이 후   사 평 지 위 복   비 조 지 야

倖福而先知其爲禍之本하고
행 복 이 선 지 기 위 화 지 본

貪生而先知其爲死之因이면 其卓見乎인저
탐 생 이 선 지 기 위 사 지 인   기 탁 견 호

병 든 뒤에야 건강이 보배인 줄 생각하며, 난세에 처한 뒤에야 평화
가 복인 것을 생각하는 것은 일찍 아는 지혜가 아니다. 복을 바라는
것이 재앙의 근본이 됨을 알며, 생을 탐하기에 앞서 그것이 죽음의
원인이 됨을 아는 것이야말로 탁월한 지혜일 것이다.

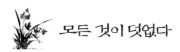 모든 것이 덧없다

優人은 傳粉調硃하여 效姸醜於毫端이나
우인　부분조주　　효연추어호단

俄而오 歌殘場罷하면 姸醜何存이며
아이　가잔장파　　연추하존

奕者는 爭先競後하여 較雌雄於著子나
혁자　쟁선경후　　교자웅어저자

俄而오 局盡子收하면 雌雄安在리오
아이　국진자수　　자웅안재

배우는 분 바르고 연지 찍어 붓끝으로 예쁘고 추함을 나타내지만 문
득 노래가 끝나고 막이 내리면 예쁘고 추함은 어디에 있는가. 바둑
두는 이는 앞뒤를 다투면서 바둑돌로 승패를 겨루지만 문득 판이 끝
나고 돌을 거두면 승패는 어디에 있는가.

자연의 아름다움도 깨달은 사람만 느낀다

風花之瀟洒와 雪月之空淸은 唯靜者爲之主요
풍 화 지 소 쇄   설 월 지 공 청   유 정 자 위 지 주

水木之榮枯와 竹石之消長은 獨閒者操其權이니라
수 목 지 영 고   죽 석 지 소 장   독 한 자 조 기 권

바람과 꽃의 시원하고 아름다움과 눈과 달의 깨끗하고 맑음은 오직
고요한 사람만이 주인이 되고, 물과 나무의 무성함과 앙상함, 대나무
와 바위의 자라남과 사라짐은 오로지 한가로운 사람만이 제 것으로
할 수 있느니라.

욕심 없음이 가장 높은 경지이다

田夫野叟는 語以黃鷄白酒면 則欣然喜하나 問以鼎食하면 則不知하고
전부야수　어이황계백주　즉흔연희　　문이정식　　즉부지

語以縕袍短褐하면 則油然樂하나 問以袞服하면 則不識하나니
어이온포단갈　　즉유연락　　문이곤복　　즉부식

其天이 全이니 故로 其欲이 淡이라 此是人生第一個境界니라
기천　전　　고　기욕　담　　차시인생제일개경계

시골의 농부나 산간의 노인들은 맛좋은 닭고기와 시원한 탁주 얘기
를 하면 기꺼이 즐거워하나, 고급 요리를 물으면 알지 못한다. 또한
무명옷과 짧은 베옷을 얘기하면 유유히 즐거워하되, 비단옷에 관해
물으면 알지 못한다. 그들의 본성이 온전한 까닭에 그 욕망 또한 따
라 담박하니, 이것이 사람이 살아가는 데 있어 가장 높은 경지이다.

생각하지 않으려는 마음이 생각을 만든다

心無其心이니 何有於觀이리오
심 무 기 심　　하 유 어 관

釋氏 曰 觀心者는 重增基障이니라
석 씨 왈 관 심 자　중 증 기 장

物本一物이니 何待於齊리오
물 본 일 물　　하 대 어 제

莊生 曰 齊物者는 自剖其同이니라
장 생 왈 제 물 자　　자 부 기 동

마음속에 망상이 없는데, 어찌 자신의 마음을 살펴볼 필요가 있겠는가? 불가에서 이르는 "자신의 본심을 살펴보라"함은 도리어 마음속의 망상을 더하는 것일 뿐이다. 만물이 본래 하나인데 어찌 다시 가지런하게 할 필요가 있겠는가? 장자가 말했던 "만물을 평등하게 본다"함은 오히려 그 동등한 것을 스스로 구별 짓는 것일 뿐이다.

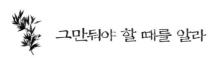

그만둬야 할 때를 알라

笙歌正濃處에 便自拂衣長往하니 羨達人撒手懸崖하며
생 가 정 농 처   변 자 불 의 장 왕   선 달 인 살 수 현 애

更漏已殘時에 猶然夜行不休하니 咲俗士沈身苦海니라
경 루 이 잔 시   유 연 야 행 불 휴   소 속 사 침 신 고 해

피리 소리, 노랫소리가 무르익었을 때, 문득 옷자락 떨치고 일어나서
나감은 마치 통달한 사람이 벼랑길에서 손을 휘저으며 걸어나는 것
같아서 부럽고, 시간이 이미 늦은 때에 쉬지 않고 밤길을 다니는 것
은 마치 속세의 선비가 그 몸을 고해에 담그는 것과 같아서 딱하다.

속세를 떠날 때와 속세에 거할 때

把握未定이어늘 宜絶迹塵囂하여
파 악 미 정   의 절 적 진 효

使此心으로 不見可欲而不亂하여 以澄吾靜體하며
사 차 심   불 견 가 욕 이 불 란   이 징 오 정 체

操持旣堅이어든 又當混迹風塵하여
조 지 기 견   우 당 혼 적 풍 진

使此心으로 見可欲而亦不亂하여 以養吾圓氣니라
사 차 심   견 가 욕 이 역 불 란   이 양 오 원 기

마음을 아직 붙잡지 못했다면 마땅히 시끄러운 속세를 떠나 이 마음
이 욕심낼 만한 것을 보지 못하게 하고 마음이 흐트러지지 않게 하여
고요한 마음의 바탕을 맑게 해야 할 것이다. 마음을 이미 굳게 잡았
거든 마땅히 다시 몸을 속세에 두고 이 마음으로 하여금 욕심낼 만한
것을 보아도 어지럽지 않게 하여 원만한 마음의 기틀을 길러야 할 것
이다.

도를 깨친 사람은
시끄러움 가운데 고요함을 느낀다

喜寂厭喧者는 往往避人以求靜하나니
희 적 염 훤 자   왕 왕 피 인 이 구 정

不知意在無人하면 便成我相하고 心着於靜하면 便是動根이라
부 지 의 재 무 인   변 성 아 상   심 착 어 정   변 시 동 근

如何到得人我一視하고 動靜兩忘的境界리오
여 하 도 득 인 아 일 시   동 정 양 망 적 경 계

고요함을 좋아하고 시끄러움을 싫어하는 사람은 흔히 사람을 피하여
고요함을 찾나니, 아무도 없는 곳에 뜻을 두면 곧 자신에게 얽매이게
되고, 마음이 고요함에만 집착한다면 이것이 바로 어지러움의 뿌리
가 된다는 사실을 모르는 것이니, 어찌 남과 나를 하나로 보고 시끄
러움과 고요함, 둘 다 잊는 경지에 도달할 수 있겠는가?

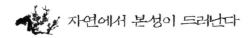

자연에서 본성이 드러난다

山居하면 胸次淸洒하여 觸物皆有佳思하니
산거　　홍차청쇄　　촉물개유가사

見孤雲野鶴에 而起超絶之想하고 遇石澗流泉에 而動澡雪之思하며
견고운야학　　이기초절지상　　우석간류천　　이동조설지사

撫老檜寒梅에 而勁節挺立하고 侶沙鷗麋鹿에 而機心頓忘이라
무노회한매　　이경절정립　　여사구미록　　이기심돈망

若一走入塵寰하면 無論物不相關이나 卽此身이 亦屬贅旒矣리라
약일주입진환　　무론물불상관　　즉차신　　역속췌류의

산에 머무르면 가슴이 맑고 상쾌해져 어떤 것을 대하든 모두 아름다운 생각을 갖게 한다. 홀로 떠 있는 구름과 들판의 학을 보면 세속을 초월하는 생각이 일고, 바위틈 사이를 흐르는 샘물을 만나면 맑고 깨끗한 생각이 우러나며, 늙은 전나무와 한겨울의 매화를 어루만지면 곧은 절개가 굳게 서고, 물가 갈매기와 사슴 무리를 벗하면 번거로운 마음이 순식간에 사라진다. 그러나 만약 번잡한 세속에 몸을 들여놓게 되면 다른 사물과 관계를 맺지 않는다 하더라도, 이 몸은 다만 부질없는 존재가 될 뿐이다.

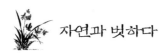 자연과 벗하다

興逐時來면 芳草中에 撤履閒行하나니 野鳥도 忘機時作伴이요
흥 축 시 래   방 초 중   철 리 한 행   야 조   망 기 시 작 반

景與心會면 落花下에 披襟兀坐하나니 白雲이 無語漫相留로다
경 여 심 회   낙 화 하   피 금 올 좌   백 운   무 어 만 상 류

흥겨움이 문득 일어나서 맨발로 풀밭을 한가로이 거닐면 새들도 마음 놓고 때때로 벗이 되고, 경치가 마음에 들어 낙화 아래 옷깃을 헤치고 앉으면 흰 구름도 말없이 곁에 와 머무른다.

인생의 복과 재앙은 마음에서 이루어진다

人生福境禍區는 皆念相造成이라
인 생 복 경 화 구   개 념 상 조 성

故로 釋氏 云하되
고   석 씨 운

利欲熾然이면 卽時火坑이요 貪愛沈溺하면 便爲苦海나
이 욕 치 연   즉 시 화 갱   탐 애 침 닉   변 위 고 해

一念淸淨하면 烈焰成池하고 一念警覺하면 船登彼岸이라 하니
일 념 청 정   열 염 성 지   일 념 경 각   선 등 피 안

念頭稍異면 境界頓殊니 可不愼哉라
염 두 초 이   경 계 돈 수   가 불 신 재

인생의 복과 재앙은 모두 마음속에서 이루어진다. 그러므로 석가모니는 이르되 "욕심이 불같이 타오르면 그것이 곧 불구덩이요, 탐애에 빠지면 그것이 곧 고해가 되며, 마음이 맑으면 불꽃도 연못이 되고, 마음을 깨달으면 배는 피안에 오른다"고 하였으니 생각이 달라지면 경지는 변하는 것이다. 가히 삼가지 않을 수 있겠는가.

인내를 갖고 배움에 임하라

繩鋸木斷하고 水滴石穿하니 學道者는 須加力索이니라
승 거 목 단   수 적 석 천   학 도 자   수 가 력 색

水到渠成하고 瓜熟蒂落하니 得道者는 一任天機니라
수 도 거 성   과 숙 체 락   득 도 자   일 임 천 기

새끼줄로도 톱을 삼아 오래 톱질하면 나무를 자르고, 물방울도 오래
떨어지면 돌을 뚫는다. 도를 배우는 사람은 모름지기 힘써 찾기를 구
해야 한다. 물이 모이면 도랑이 되고, 참외는 익으면 꼭지가 떨어지니
도를 얻으려는 사람은 온전하게 하늘에 맡겨야 할 것이다.

 ## 마음을 비우면 세상도 즐겁다

機息時에 便有月到風來하나니 不必苦海人世요
기 식 시   변 유 월 도 풍 래   불 필 고 해 인 세

心遠處에 自無車塵馬迹이어늘 何須痼疾丘山이리오
심 원 처   자 무 거 진 마 적   하 수 고 질 구 산

마음을 잠재우면 문득 달이 뜨고 바람이 부니, 세상이 반드시 고해는
아니다. 마음을 멀게 하면 수레의 먼지와 말발굽 소리도 절로 없어지
니, 어찌 산속이 그리워 병이 들겠는가.

천지는 늘 생을 향한다

草木은 纔零落하면 便露萌穎於根底하고
초목　재영락　　변로맹영어근저

時序는 雖凝寒이나 終回陽氣於飛灰니라
시서　수응한　　종회양기어비회

蕭殺之中에 生生之意가 常爲之主하니
숙살지중　　생생지의　상위지주

卽是可以見天地之心이니라
즉시가이견천지지심

풀과 나무는 시들어 떨어지면 곧 다시 뿌리에서 새싹이 돋아나고, 계
절은 얼어붙는 추위가 닥쳐와도 마침내 봄기운이 돌아온다. 만물을
죽이는 기운 가운데에서도 자라나게 하는 뜻이 늘 주인이 되니, 이로
써 능히 천지의 뜻을 볼 수 있다.

고요한 밤의 종소리가 더욱 맑다

雨餘에 觀山色하면 景象이 便覺新妍하고
우여　관산색　경상　변각신연

夜靜에 聽鐘聲하면 音響이 尤爲淸越이니라
야정　청종성　음향　우위청월

비 갠 뒤에 산 빛을 바라보면 경치가 문득 새롭게 느껴지고, 고요한
밤에 종소리를 들으면 울림이 더욱 맑게 들린다.

높은 곳에 오르면 마음이 넓어진다

登高하면 使人心曠하고 臨流하면 使人意遠하며
등고   사인심광   임류   사인의원

讀書於雨雪之夜면 使人神淸하고
독서어우설지야   사인신청

舒嘯於丘阜之巓하면 使人興邁니라
서소어구부지전   사인흥매

높은 곳에 오르면 사람의 마음이 넓어지고, 흐르는 물을 보면 사람의
뜻도 깊어진다. 눈비 오는 밤에 글을 읽으면 정신이 맑아지고, 언덕에
올라 시를 읊노라면 시의 흥취가 더욱 돋우어진다.

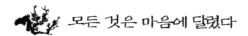 모든 것은 마음에 달렸다

心曠하면 則萬鍾도 如瓦缶하고
심 광　　즉 만 종　　여 와 부

心隘하면 則一髮도 似車輪이니라
심 애　　즉 일 발　　사 거 륜

마음이 넓으면 큰 부귀도 질그릇같이 하찮게 보이고, 마음이 좁으면
터럭같이 사소한 일도 수레바퀴처럼 크게 보인다.

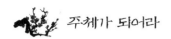 주체가 되어라

無風月花柳면 不成造化하고 無情欲嗜好면 不成心體라
무 풍 월 화 류   불 성 조 화   무 정 욕 기 호   불 성 심 체

只以我轉物하고 不以物役我면
지 이 아 전 물   불 이 물 역 아

則嗜欲도 莫非天機요 塵情도 卽是理境矣니라
즉 기 욕   막 비 천 기 진 정   즉 시 리 경 의

바람과 달, 꽃과 나무가 없으면 자연의 조화는 이루어지지 못하고, 욕
망과 기호 같은 인간의 속성이 없으면 본래의 마음은 갖추어지지 못
한다. 다만 자신이 주체가 되어 사물을 움직이고 사물에 부림을 당하
지 않는다면 기호와 욕망도 천기가 아닌 것이 없으며, 속세의 인정도
도의 경지에 이를 것이다.

자신을 아는 사람이 만물을 다스린다

就一身하여 了一身者는 方能以萬物로 付萬物하며
취 일 신   료 일 신 자   방 능 이 만 물   부 만 물

還天下於天下者는 方能出世間於世間이니라
환 천 하 어 천 하 자   방 능 출 세 간 어 세 간

자기 한 몸에 대하여 온전히 깨달은 사람은 능히 만물로써 만물을 맡
길 수 있고, 천하를 천하에 돌리는 사람은 능히 속세에 있으면서도
속세를 벗어날 수 있다.

어느 정도의 근심을 지녀라

人生이 太閑하면 則別念이 竊生하고
인생　태한　　즉별념　절생

太忙하면 則眞性이 不現하나니
태망　　즉진성　불현

故로 士君子는 不可不抱身心之憂하고
고　사군자　불가불포신심지우

亦不可不耽風月之趣니라
역불가불탐풍월지취

사람이 너무 한가하면 슬그머니 딴 생각이 생기고, 너무 바쁘면 본성
이 드러나지 않는다. 그러므로 선비는 몸과 마음에 근심을 지녀 잡념
을 경계하는 한편 청풍명월의 정취를 즐기지 않을 수 없다.

마음의 동요를 없게 하라

人心은 多從動處에 失眞하니
인심　　다종동처　　실진

若一念不生하고 澄然靜坐하면
약일념불생　　　　징연정좌

雲興而悠然共逝하고 雨滴而冷然俱清하며
운흥이유연공서　　　　우적이냉연구청

鳥啼而欣然有會하고 花落而瀟然自得하리니
조제이흔연유회　　　　화락이소연자득

何地非眞境이며 何物非眞機리오
하지비진경　　　하물비진기

사람의 마음은 대체로 동요하는 가운데 참 본질을 잃는다. 만약 조금의 잡념도 일으키지 않고 마음이 맑은 상태에서 고요히 앉아 있으면, 구름이 피어오르면 유연히 함께 흘러가고, 비가 내리면 서늘히 더불어 상쾌해지며, 새 지저귀면 그 소리에 즐거이 느끼는 바가 있고, 꽃이 지면 그 모습에 초연히 깨닫는 바가 있다. 이러한 경지에 이르면 어느 곳인들 진리의 세계가 아니겠으며, 어느 것엔들 오묘한 이치가 없겠는가.

온전한 기쁨도, 온전한 근심도 없다

子生而母危하고 鏹積而盜窺하나니 何喜非憂也리오
자 생 이 모 위   강 적 이 도 규   하 희 비 우 야

貧可以節用하고 病可以保身하나니 何憂非喜也리오
빈 가 이 절 용   병 가 이 보 신   하 우 비 희 야

故로 達人은 當順逆一視하며 而欣戚兩忘이니라
고   달 인   당 순 역 일 시   이 흔 척 양 망

자식을 낳을 때는 그 어머니가 위태롭게 되고, 돈이 모이게 되면 도둑이 엿보게 되니 어느 기쁨인들 근심이 아니겠는가. 가난은 비용을 절약하게 하고, 병은 몸을 보전하게 하니 어느 근심인들 기쁨이 아니겠는가. 그러므로 통달한 사람은 순경과 역경을 같이 보며, 기쁨과 슬픔을 모두 잊어버린다.

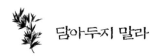 담아두지 말라

耳根은 似飇谷投響하여 過而不留면 則是非俱謝하고
이근　사표곡투향　　과이불류　즉시비구사

心境은 如月池浸色하여 空而不著하면 則物我兩忘이니라
심경　여월지침색　　공이불착　즉물아양망

귀는 마치 회오리바람이 골짜기에 소리를 울림과 같아서 지나게 하
고 담아두지 않으면 시비도 함께 사라진다. 마음은 마치 연못에 달
빛이 비치는 것과 같아서 잡아두지 않으면 사물과 나를 모두 잊게
된다.

스스로가 고통의 바다를 만든다

世人은 爲榮利纏縛하여 動曰 塵世苦海라 하며
세인　위영리전박　　동왈 진세고해

不知雲白山靑하고 川行石立하며 花迎鳥笑하고 谷答樵謳하나니
부지운백산청　　천행석립　　화영조소　　곡답초구

世亦不塵이요 海亦不苦이건만 彼自塵苦其心爾니라
세역부진　　해역불고　　　피자진고기심이

세상 사람들은 부질없는 것들을 바라는 마음에 얽매여, 이 세상을 티끌 같은 세상이요 고통의 바다라고 말하지만, 이것은 모두 구름이 희고 산은 푸르며, 냇물이 흐르고 바위는 우뚝 서고, 꽃이 피어 새를 반기고, 골짜기가 나무꾼의 노랫소리에 화답하는 것을 알지 못해서 그런 것이다. 이 세상은 티끌도 아니고 또한 고통의 바다도 아니건만 스스로 자기 마음에 티끌이라, 고통이라 하는 것이다.

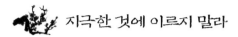 지극한 것에 이르지 말라

花看半開하고 酒飮微醺하면 此中에 大有佳趣니라
화 간 반 개   주 음 미 훈   차 중   대 유 가 취

若至爛漫酕醄면 便成惡境矣하나니
약 지 란 만 모 도   변 성 악 경 의

履盈滿者는 宜思之니라
이 영 만 자   의 사 지

꽃은 반쯤 피었을 때 보고, 술은 적당히 취하도록 마시면 그 속에 아름다운 취미가 있나니 만약 꽃이 활짝 피고 술에 흠뻑 취하면 문득 재앙의 경지에 이른다. 가득 찬 곳에 있는 사람은 마땅히 이를 생각해야 한다.

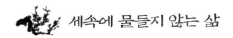 ## 세속에 물들지 않는 삶

山肴는 不受世間灌漑하고 野禽은 不受世間豢養이로되
산효　불수세간관개　　야금　불수세간환양

其味皆香而且冽하니
기미개향이차열

吾人도 能不爲世法所點染하면 其臭味不逈然別乎아
오인　능불위세법소점염　　기취미불형연별호

산나물은 사람이 가꾸지 않아도 저절로 자라고, 들짐승은 사람이 기르지 않아도 절로 자라지만 그 맛은 모두 향기롭고 또한 맑다. 우리 사람들도 능히 세상에 물들지 않는다면 그 품격이 세속에서 벗어나 각별한 것이다.

보는 가운데 깨달음이 있어야 한다

栽花種竹하고 玩鶴觀魚도 又要有段自得處니
재 화 종 죽   완 학 관 어   우 요 유 단 자 득 처

若徒留連光景하여 玩弄物華면 亦吾儒之口耳요
약 도 류 연 광 경   완 롱 물 화   역 오 유 지 구 이

釋氏之頑空而已니 何有佳趣리오
석 씨 지 완 공 이 이   하 유 가 취

꽃을 가꾸고 대나무를 심으며 학을 감상하고 물고기를 바라볼지라도
그 가운데서 깨닫는 것이 있어야 한다. 만약 한갓 눈앞의 풍광만 즐
긴다면 이는 들은 것을 그대로 남에게 전하는 것이 고작인 학문이요,
불교에서 말하는 일체가 공空일 뿐이니, 어찌 참된 진리를 깨달았다
고 하겠는가.

산골에 묻혀 이름 없이 살지언정
속세에 물들지 말라

山林之士는 淸苦而逸趣自饒하고
산 림 지 사   청 고 이 일 취 자 요

農野之夫는 鄙略而天眞渾具하나니
농 야 지 부   비 략 이 천 진 혼 구

若一失身市井駔儈면 不若轉死溝壑이라도 神骨猶淸이니라
약 일 실 신 시 정 장 쾌   불 약 전 사 구 학   신 골 유 청

산림에 묻혀 사는 선비는 청빈하게 살지만 고상한 정취가 저절로 넉
넉하고, 농사짓는 시골 사람은 비록 거칠고 소박하지만 본성을 온전
히 지녔다. 만약 이들이 시장판에서 한 번 몸을 잃어 거간꾼이 된다
면 차라리 산골에 묻혀 살다 이름 없이 죽어 몸과 마음을 깨끗이 지
니는 것만 못하다.

이유 없이 주어지는 것을 조심하라

非分之福과 無故之獲은 非造物之釣餌면 卽人世之機阱이니
비 분 지 복　　무 고 지 획　　비 조 물 지 조 이　　즉 인 세 지 기 정

此處에 著眼不高하면 鮮不墮彼術中矣리라
차 처　　착 안 불 고　　　선 불 타 피 술 중 의

분에 넘치는 복과 이유 없이 얻는 이익은 조물주의 낚싯밥이 아니라
면 세상 사람들의 함정일 것이다. 이런 상황에서 안목을 갖고 멀리까
지 살피지 않는다면 그 꾐 속에 빠지지 않을 사람이 없을 것이다.

주체 있는 삶을 살아라

人生은 原是一傀儡니 只要根蒂在手니라
인생   원시일괴뢰   지요근체재수

一線不亂하여 卷舒自由하고 行止在我하여
일선불란   권서자유   행지재아

一毫不受他人提掇하면 便超出此場中矣리라
일호불수타인제철   변초출차장중의

삶은 본디 한갓 꼭두각시 놀음이니 다만 그 밑동을 손에 쥐고 있어
야 한다. 한 가닥의 실도 헝클어짐이 없어 감고 푸는 것이 자유로워
야 움직이고 멈춤이 내 뜻에 있게 되니, 털끝만큼도 남의 간섭을 받
지 않아야 곧 이 무대에서 벗어날 수 있으리라.

좋은 일에는 나쁜 일이 따른다

一事起면 則一害生하나니 故로 天下常以無事爲福이니라
일사기   즉일해생   고   천하상이무사위복

讀前人詩에 云하되 勸君莫話封侯事하라 一將功成萬骨枯니라
독전인시   운   권군막화봉후사   일장공성만골고

又云하되 天下常令萬事平이면 匣中不惜千年死라 하니
우운   천하상령만사평   갑중불석천년사

雖有雄心猛氣나 不覺化爲氷霰矣리라
수유웅심맹기   부각화위빙산의

한 가지 좋은 일이 일어나면 한 가지 나쁜 일도 생긴다. 그러므로 천
하는 늘 일 없는 것을 복으로 여긴다. 옛 사람의 시에 이르기를 "그대
에게 권하노니 제후에 봉하는 일은 말하지 말라. 한 장수가 공훈을
세움에는 만 사람의 뼈가 마르니라"고 하였고, 또 이르기를 "천하가
늘 평화롭다면 칼이 갑 속에서 천 년을 썩어도 아깝지 않으리라"고
하였다. 이러한 시를 읽으면 영웅의 마음과 맹렬한 기상이 있을지라
도 자기도 모르는 사이에 얼음과 눈 녹듯이 사라지리라.

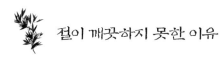

절이 깨끗하지 못한 이유

淫奔之婦가 矯而爲尼하고 熱中之人도 激而入道하니
음 분 지 부   교 이 위 니   열 중 지 인   격 이 입 도

淸淨之門이 常爲婬邪之淵藪也가 如此로다
청 정 지 문   상 위 음 사 지 연 수 야   여 차

음란한 여인이 극단에 이르면 여승이 되기도 하고, 세상일에만 열중
하던 사람이 실패하면 격해져서 승려가 되기도 하니, 맑고 깨끗해야
할 절이 음사의 소굴이 되는 것은 이 때문이다.

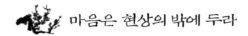 마음은 현상의 밖에 두라

波浪이 兼天에 舟中은 不知懼나 而舟外者寒心하고
파랑　겸천　주중　부지구　이주외자한심

猖狂이 罵座에 席上은 不知警이나 而席外者咋舌하나니
창광　매좌　석상　부지경　이석외자색설

故로 君子는 身雖在事中이나 心要超事外也니라
고　군자　신수재사중　심요초사외야

물결이 하늘까지 솟구치면 배 안에서는 두려움을 모르되 배 밖에서 바라보는 사람은 마음을 졸이고, 미치광이가 좌중에서 외쳐대면 그 자리에 있는 사람은 경계하지 않지만 자리 밖에 있는 사람이 혀를 찬다. 고로 군자는 비록 몸은 일 안에 있을지라도 마음은 반드시 일 밖에 있어야 한다.

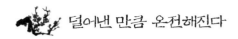

덜어낸 만큼 온전해진다

人生이 減省一分하면 便超脫一分하나니
인생 감생일분 변초탈일분

如交遊減하면 便免紛擾하고 言語減하면 便寡愆尤하며
여교유감 변면분요 언어감 변과건우

思慮減하면 則精神不耗하고 聰明減하면 則混沌可完이니라
사려감 즉정신불모 총명감 즉혼돈가완

彼不求日減하고 而求日增者는 眞桎梏此生哉로다
피불구일감 이구일증자 진질곡차생재

인생이란 덜어버린 만큼 초탈할 수 있으니, 불필요한 관계를 줄이면 번거로움에서 벗어날 수 있고, 불필요한 말을 줄이면 허물이 적어지며, 불필요한 생각을 줄이면 정신이 소모되지 않고, 총명함을 내세우지 않으면 타고난 본성을 온전히 할 수 있다. 그러나 덜어버릴 줄 모르고 오히려 날마다 더하는 데 힘쓰는 자는 참으로 자신의 인생을 속박하는 사람이다.

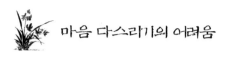 마음 다스리기의 어려움

天運之寒暑는 易避나 人生之炎涼은 難除하고
천 운 지 한 서   이 피   인 생 지 염 량   난 제

人生之炎涼은 易除나 吾心之氷炭은 難去니
인 생 지 염 량   이 제   오 심 지 빙 탄   난 거

去得此中之氷炭하면 則萬腔이 皆和氣하여 自隨地에 有春風矣니라
거 득 차 중 지 빙 탄   즉 만 강   개 화 기   자 수 지   유 춘 풍 의

천지운행으로 말미암은 추위와 더위는 피하기 쉬워도, 인간 세상에
서 일어나는 인정의 따뜻함과 싸늘함은 없애기 어렵고, 인간 세상의
따뜻함과 싸늘함은 벗어나기 쉬워도 내 마음이 차고 더워지는 변덕
은 버리기가 어렵다. 이 마음이 차고 더워지는 변덕을 버릴 수만 있
다면 마음은 화기로 가득 차서 가는 곳마다 봄바람이 불 것이다.

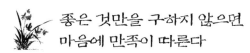

좋은 것만을 구하지 않으면
마음에 만족이 따른다

茶不求精하니 而壺亦不燥하고 酒不求冽하니 而樽亦不空하며
차 불 구 정   이 호 역 부 조   주 불 구 열   이 준 역 불 공

素琴은 無絃이나 而常調하고 短笛은 無腔이나 而自適이라
소 금   무 현   이 상 조   단 적   무 강   이 자 적

終難超越羲皇이나 亦可匹儔嵇阮이니라
종 난 초 월 희 황   역 가 필 주 혜 완

좋은 차만을 굳이 구하지 않는다면 찻주전자가 마르지 않을 것이요,
좋은 술만을 구하지 않는다면 술동이 또한 비어 있지 않을 것이다.
장식을 하지 않은 거문고는 줄이 없어도 늘 고른 소리가 나고, 단소
는 구멍이 없어도 스스로 즐겁다. 비록 중국 고대황제인 복희씨는 뛰
어넘기 어려워도 가히 죽림칠현과는 벗할 수 있을 것이다.

완벽함을 구하지 말라

釋氏隨緣과 吾儒素位의 四字는 是渡海的浮囊이라
석 씨 수 연   오 유 소 위   사 자   시 도 해 적 부 낭

蓋世路茫茫하여 一念求全하면 則萬緒紛起하나니
개 세 로 망 망   일 념 구 전   즉 만 서 분 기

隨寓而安이면 則無入不得矣리라
수 우 이 안   즉 무 입 부 득 의

불교에서 말하는 "만사가 모두 인연을 따라 이루어진다"는 '수연隨緣'
과 유교에서 말하는 "자기의 본분을 지키며 살아가라"는 '소위素位',
이 네 글자는 곧 바다를 건너게 하는 구명구와 같은 것이다. 대개 세
상살이는 아득하여 모든 일마다 완전함을 구한다면 곧 만 갈래 마음
의 실타래가 어지럽게 일어나는 법이다. 그러므로 상황에 따라 마음
을 편하게 먹으면 이르는 곳마다 만족을 얻지 못함이 없을 것이다.

인생의 절반쯤 왔을 때 읽어야 할 채근담

초판 1쇄 발행 2023년 3월 31일
초판 3쇄 발행 2024년 4월 15일

지은이 홍자성
옮긴이 박훈

펴낸이 이효원
편집인 음정미
디자인 별을 잡는 그물
마케팅 추미경
펴낸곳 탐나는책
출판등록 2015년 10월 12일 제 2021-000142호
주소 경기도 고양시 덕양구 삼송로 222, 101동 305호(삼송동.현대헤리엇)
전화 070-8279-7311 **팩스** 02-6008-0834
전자우편 tcbook@naver.com

ISBN 979-11-89550-97-4 (03140)